行動力がいま1つの営業マンのパワー強化書

森崎竜彦 著

セルバ出版

はじめに

「あれもしたい」「これもしたい」「ああなりたい」「あそこにいきたい」

今までの人生で描いてきた夢・目標を、今までいくつ叶えて来ましたか。

また、「時間がない」「勇気がない」「向いていない」「続かない」

都合のいい言い訳を見つけて、多くを諦めて来ませんでしたか。

そして、これからも今までのままのあなたで生きていきますか。

自分を守るために人は大きな心のブレーキを持っています。そのブレーキのお蔭で大けがをせずに適度にアクセルを踏みながら生活しているのです。

ただ、自分を守るためのブレーキがあなたの夢を遠ざけていることも知っておかなければいけません。

「諦める人生」と「夢を掴む人生」。この2種類の人生がこの先用意されているのであれば、あなたはどちらの人生を選択しますか。

思い描く未来が向こうから近づいてくることはありません。あなたが近づいていかなければ、決して届かない距離にあり続けるのです。

私は営業支援を通して、多くの人々の行動を見続けてきました。

「押してダメなら引いてみる」「飴と鞭を使い分ける」「過去の分析と未来の分析」――あの手この手出し尽くし、磨き続けてきた方法をまとめました。

「一歩進めば、一歩近づく」、この考え方を持っていれば、まず一歩踏み出すことができます。

そして踏み出した人が意識しなければいけないのは、一歩目よりも重要なのは二歩目だということです。

ちょっとやってみて、手応えが悪ければ止めてしまうようなことを繰り返してしまわないように、行動に必要な考え方を手に入れてください。

現場で磨き続けてきた考え方をあなたに贈ります。

現状を打破する行動力を身に付け、思い描く未来を手に入れましょう。

森崎　竜彦

平成25年9月

行動力がいま1つの営業マンのパワー強化書　目次

第2章　行動力が生み出す10の力

第1章　行動力を強化する50の方法

1　現状維持機能をコントロールする

人が誰しも成長する過程の中で磨いてきた機能、それが現状維持機能です。

「あれが欲しい」「あそこに行きたい」と子供のときは人目をはばからず言えた言葉も大人になるに連れ我慢を覚えます。

それは、お金にも時間にも限りがあり、すべての欲望を満たすことなど不可能です。集団生活の中でそれを貫き通そうとすると、周囲からは「あいつはわがまま」だと言われかねないからです。

そして、いつの間にか目に付く物すべてを否定から入る考え癖が身に付くのです。

「あの洋服かっこいいな」「でも高いから止めておこう」

「新しい車に乗り換えたいな」「でもまだ今の車は十分乗れる」

「大きいマンションに引っ越したいな」「そんなことしたら、支払いが大変だ」

「沖縄旅行に行きたいな」「休みが取れるわけないか」

私たちは小さい頃から教えられました。

「我慢できない子は社会に出たらやっていけない」と。

いつも、否定。延期。我慢。

そして、その理由が見つからないものだけに許可を出すのです。

「高いけど、今の洋服はしわしわだから、安売りのうちに買っておこう」

「まだ乗れるけど、家族も増えたことだしスライドドアの車が必要だ」

それは、他の我慢があったからこそ優先できたご褒美。

そんな毎日を送っていると、いつの間にか現状維持機能は無意識に作動し、私たちの欲望にブレーキを掛けてきます。

現状維持は得るものがない代わりに、失うものがないのです。

お金も時間も失わなければ、失敗することもありません。

そして、いつの間にか現状維持機能は、営業活動の目標やチャレンジにまで働くことになるのです。

「今月残り10契約」↓「無理しなくても下はまだいる」

「隙間時間に飛び込みするか」↓「非効率な仕事は止めたほうがいい」

「電話営業を始めるか」↓「電話ではすぐに切られて結果が出づらい」

思いついた行動は即時に「やらないほうがいい理由」に打ち消されます。

あなたの行動に強いブレーキを掛ける現状維持機能が勝手に働くのです。

そして、その判断はいつも正しいわけではないことに気づきます。

本当に行動力のある人は現状維持機能を操ることができるのです。

闇雲に行動することはしません。

気の向くままに飛び回ることはしません。

必要なブレーキを踏みながら、ここぞというときはアクセルを踏み込むのです。

「気が乗らない」「めんどくさい」「失敗への恐怖」「表現できない不安」など数々のブレーキに根拠はありません。

行動力。それも強い推進力を持つ超行動力。

これが人生の勝ち組に入る最大の武器だと思います。それも、お金も時間も投資しなくていい。資格も知識も技術も必要ありません。

「行動する」という自分次第でどうにでもなることです。これを意識するだけで、夢を引き寄せ目標を掴む自分になることができます。

まずは自分自身の現状維持機能をコントロールすることです。誰が悪いわけでもなく、強いブレーキを心の中に持っていると知ることなのです。

背後に付いているブレーキ

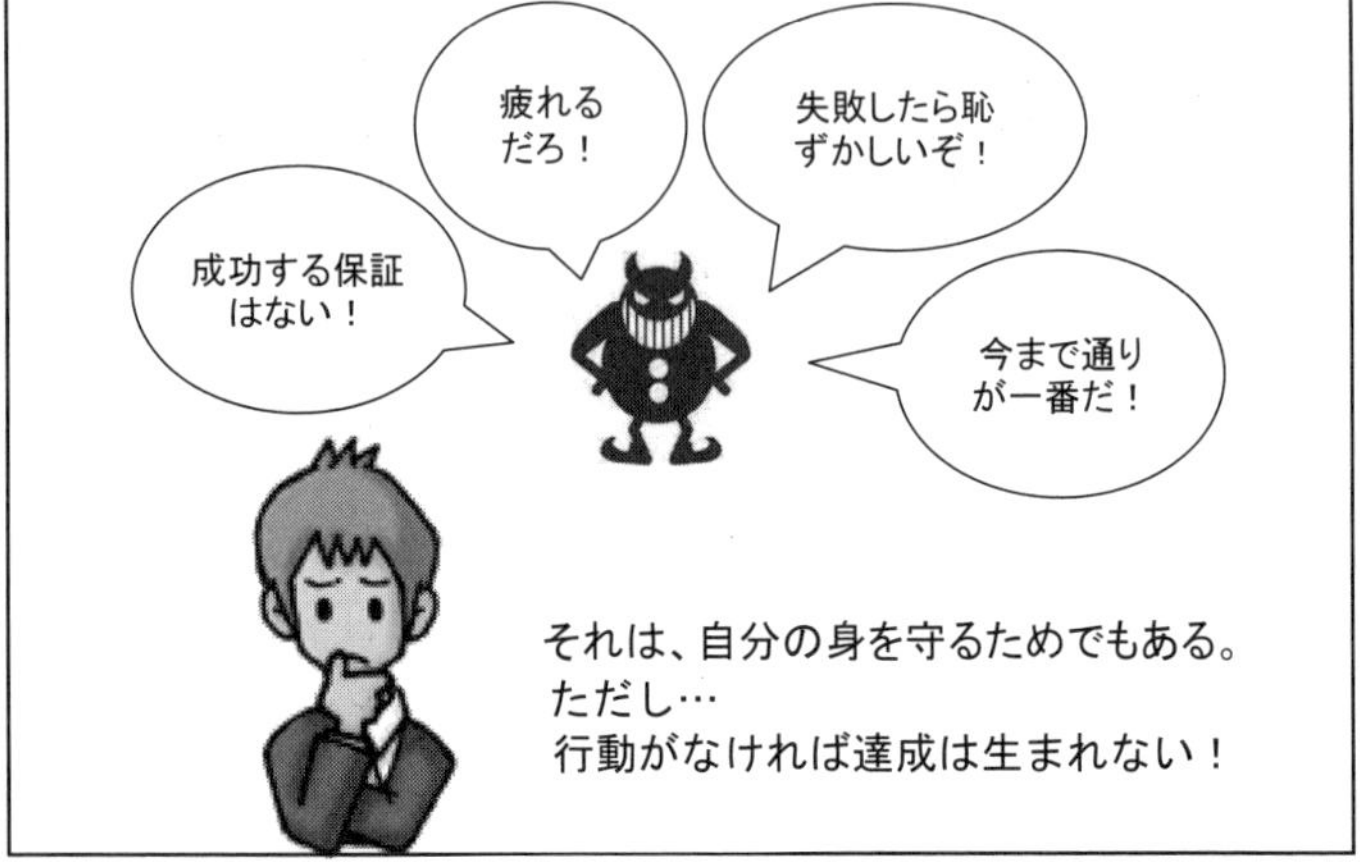
疲れるだろ！

失敗したら恥ずかしいぞ！

成功する保証はない！

今まで通りが一番だ！

それは、自分の身を守るためでもある。

ただし…

行動がなければ達成は生まれない！

2　目的を明確にする

夢を描く。目標を立てる。

誰もが持っている「ああなりたい」「こうしたい」を確実に引き寄せる人と、あっさり手放す人といます。あっさり手放す人は、目標に縛られ、目的を明確にしていない人が多すぎます。

目的と目標は似ていて非なるものです。

目的は「的」を意味し、当てなければなりません。

目標は「標」を意味し、方向性を示します。

目標ばかりを見ていて、目的を意識しないでいると「目標は達成したのに、目的は未達成」なんていう本末転倒な結果に終わることもあります。

例えば、トップセールスを志して、毎日1冊ビジネス書を読むことを目標とした人。

関連書を30冊購入し、毎日1冊本を読み続けました。

1日1冊本を読む目標を達成するためには、あらゆる隙間時間を活用し、読書を続ける毎日。そして、1か月後、どうなったでしょうか。

もちろんトップセールスなんて夢のまた夢の話。それは、目的を見失った1か月を過ごしたからです。

このケースでは目的はトップセールス。目標が読書です。

何のためにどの行動をしているのか。目的を正しく見据えることはとても大切なことです。

それは、営業の手法でも同じことがいえます。

「何のために飛び込みセールスをするの？」「何のために営業電話をするの？」

あなたは即答できますか。

「いや、それは…だから…もごもご」

口ごもるような目的では間違いなく達成できません。自分の立てた目標が大変だとすぐに止めてしまいます。

「向いていない」「時間がない」「お金が続かない」「他にやりたいことが見つかった」など、言い訳はいくらでも出てきます。

決めたことをやり切る行動力。その根底を支えてくれるのが明確な目的です。

今まで、いくつもの目標を掲げて「ああなりたい」「こうしてみよう」と思ったことが、今達成できていますか。

資料を取り寄せただけで終えたこと。道具を揃えただけでやめたこと。数日と続けずに放置してしまったこと。

簡単に夢・目標を放置してしまう癖をつけると、中途半端な自分が当たり前になります。

志したその日から誰にでもできること。それは、明確な目的を持つことです。

営業マンであるあなたが、トップセールスになりたいと思ったとします。

社内コンテストで優勝したり、社長賞をもらうくらい活躍したいと思ったとします。

さて、そこで考えて欲しいのは「何のために」トップを狙っているのかです。

「とりあえずかっこいいから」という目的ではなく、ぶれない気持ちの入った目的が自分の中にあるか探してみてください。

強い目的があるのであれば、あなたの目標は達成できる可能性が高くなります。

逆に、的と表現できる程くっきりしたものが思いつかないのであれば見つけるべきです。

時として、目標は会社から与えられたりします。

「月間〇契約」「売上〇千万円」というのは、会社の方針として大切です。

ただ、営業マンを職種として考えるのではなく、生き方として考えるのであれば与えられた目標だけを追いかけて過ごす日々では、行動力は加速しません。目標の先にしっかり目的を持って、毎日のノルマや目標値を追いかけるのです。

場合によっては、自分の目標を果たすためには与えられた目標値では小さく感じることもあります。

そんなときは、自分の目標値を基準にしましょう。

そうすれば、社内の環境に惑わされない自分だけの強い推進力が身に付きます。

営業の現場では、お客さんの背中を押してあげないと、購入を決断できないシーンがあります。

そんなとき、例えば、「お金がない」と言っている人の背中を押すには目標だけでは弱いのです。

「今月10契約」という目標値だけで勝負する営業マンよりも、何のために10契約上げるのかを明確に持っている営業マンのほうが強いのです。

「考えておく」とお客さんから保留の返答が来たときも、「今はいらない」の返答が来たときも、「はい、承知しました」と簡単に終わるわけにはいかないのです。

それは、決めるまで粘るという意味ではなく、自分自身が納得できるまでやり取りをしていないからです。

営業する側のプライドや自尊心をしっかり持つことができるのも、目標だけではなく、しっかりと見据えた目的があるからなのです。

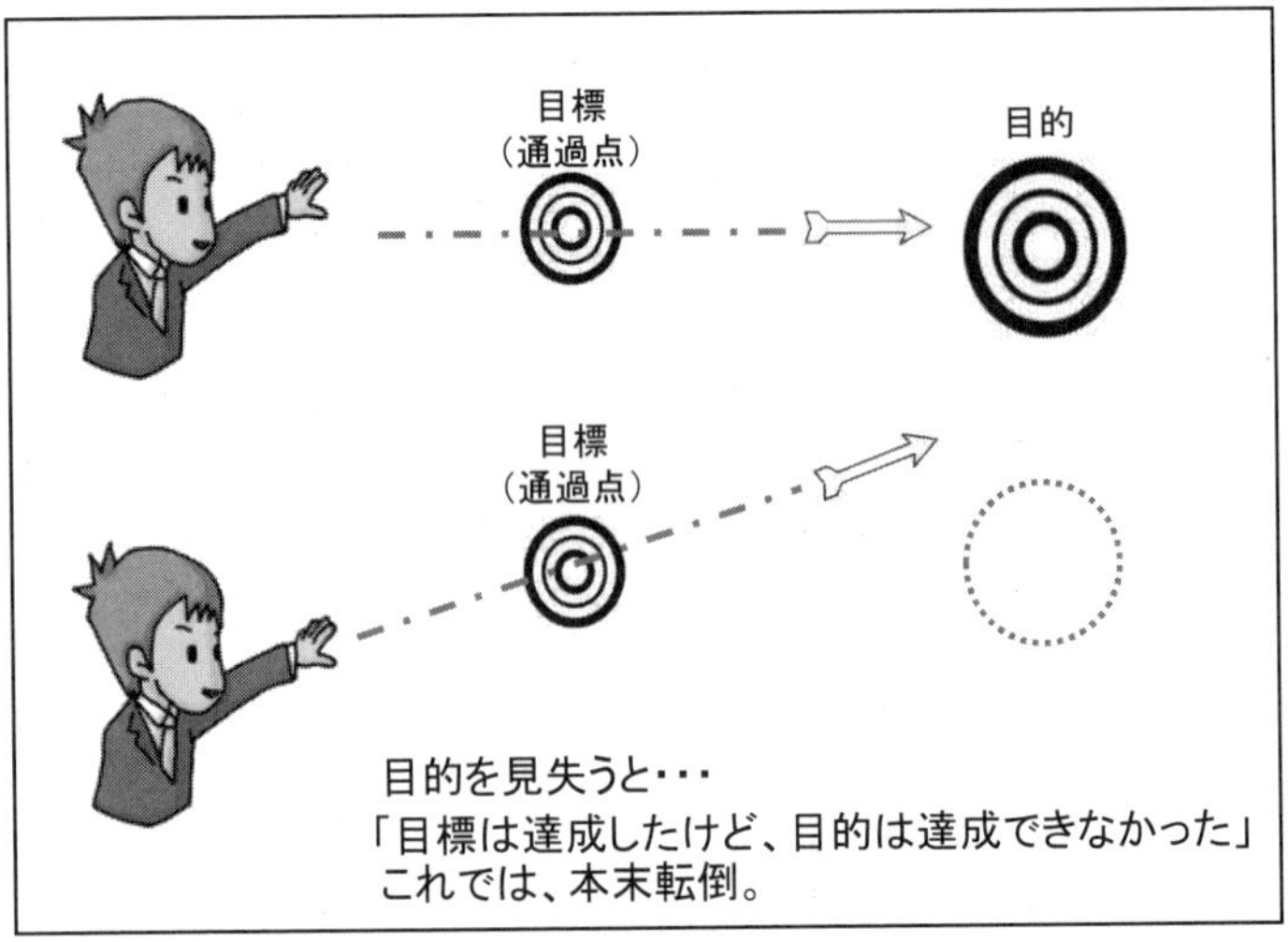
目標
（通過点）
目的
目標
（通過点）
目的を見失うと・・・
「目標は達成したけど、目的は達成できなかった」
これでは、本末転倒。

3　目標を明確にする

目的が明確になったところで、初めて目標と向き合えます。

ぶれない目的を手に入れても、たとえその目的が使命感や自尊心に溢れていたとしても、目標が空っぽだと的にピントが合いません。

目標は道標です。目的を達成するために「何をすればよいか」を決めます。

ここに目標の意義があります。あなたの目標に対し、まず何から取り組むべきか。

これは、手をつけやすいところから始めるということではありません。

それをしなければ目的に近づかない行動があるはずです。

３日坊主を克服したいのであれば、３日後にどうなっていたいのかを考えましょう。３日で達成できることは限られています。だからこそ、「とりあえず」通過地点を用意してあげるのです。

３日後の目標。それができたら７日後の目標。２週間後は？　１か月後は？　階段を登るように目標を掲げるのです。

登山の途中に標が立っています。「山頂まで○○キロ」「展望所まで○キロ」「休憩所まで○メートル」、これが、山頂に辿り着くまでの目標と考えてみてください。

何も表示がなく、ひたすら同じ景色が続いている中で、モチベーションを保つことは難しいと思いませんか。

目標というと、なんだか大げさな気がします。中には目標を持つことに抵抗を感じる人もいます。

そんなときは、目的を達成するための目安と楽に考えましょう。

人が行動しない理由の多くに「何から始めたらいいかわからない」という答えがあります。

そのときに人は、間違いなく目標を見失っているのです。

「それでは、1年後はどうなっていたいですか?」「3か月後は?」と尋ねてみても、答えが出てこないのです。

そして「いつかは○○したいです」と日付のない思いだけがぼんやり出てくるのです。

しかし、このタイプの人が目的を達成することは、まずありません。

万が一、達成できたのであれば、その目的が時間の経過とともに自動的に達成できる緩い目的だったはずです。

目標を小刻みにもつこと。そして、それをできるだけ明確にするのです。

簡単なようですが、案外書き出そうとすると頭の整理がつかないこともあります。

ただ、通過地点のイメージを持てずに、大きなゴールだけをイメージする人は達成できない人です。途中で諦めてしまう人です。そうならないように、しっかり行動できる自分になるために、通過地点を正しく確認できる「目標」を持ちましょう。

もしもあなたが目標を描けないタイプであれば、言葉を変えても結構です。「目的を達成するためにやるべきこと」をあげるのです。

将来、独立を目指すのであれば、何をしなければいけないでしょうか。

どんな実績があればよいのでしょうか。わかりやすく月給１００万円稼ぎたいのであれば、どれだけの売上が必要ですか。

例えば、今の月給が30万円であれば、70万円のギャップを埋めなければいけません。

あなたが自営業者であれば、売上確保の最速手段は営業することです。

方法は商材によって様々ですが、３倍稼ぐのであれば、訪問件数を3倍にしてみてはいかがですか。時間に制限があり現実性がないのであれば、手法を3倍に増やしてみてはいかがですか

電話営業を導入する週を決めてみる。訪問営業を導入する週を決めてみる。紹介が出る仕掛けを導入する週を決めてみる。

今までの行動にプラスアルファーがあるからこそ、結果にプラスアルファーがあるのです。今までと同じことを繰り返していれば、いつか大きな結果が出るなんていうのは幻想です。

今までと違うことをあの手この手でやってみるからこそ、そこにプラスアルファーが生まれるのです。結果が出なければやり方を変えればいいだけです。まずは行動。動いてみませんか。

誰でもない、自分のために、今日からできることはありますか。早速今から結果が出る方法を行動から導き出しましょう。

中には「トップセールスマンなんかにはなりたくない」という人もいます。

「成績を上げても給料が上がらない」という人もいます。

成績に反映されないとか、昇給制度がないだとかいう前に基本に立ち返る必要があります。

それは、あなたの商品を購入することで、毎日の生活を有意義に送れる人がいることです。

営業という行為を自分のために行うのではなく、お客さんのためにどこまでこだわって売ることができるかはとても大きい行動力になります。

今、購入を躊躇しているお客さんを目の前にしてどれだけ相手の立場に立って、商品購入をおすすめできるかが、最後の関門を突破する一つであり、それが目的と目標を持つ源になるのです。

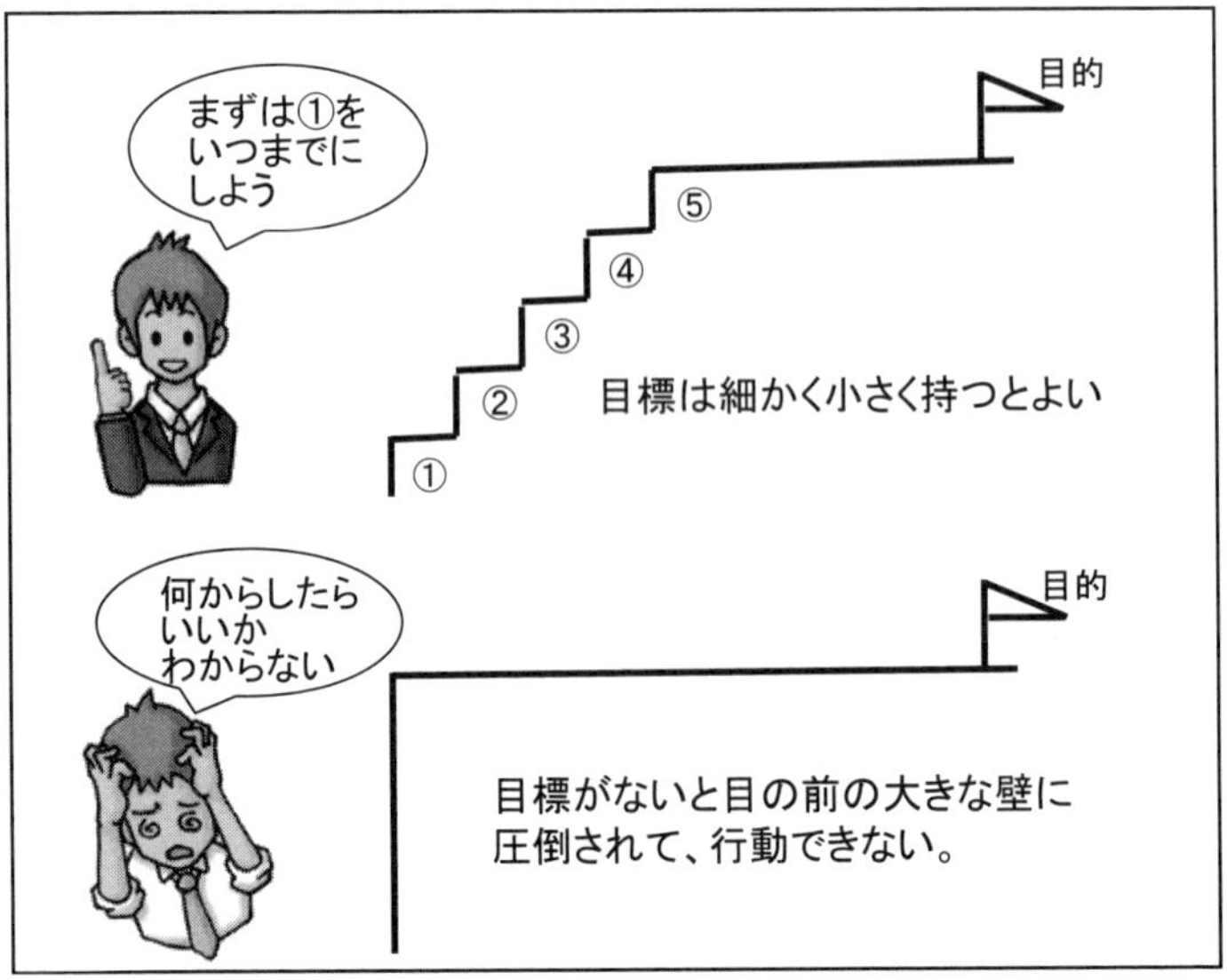

まずは①をいつまでにしよう
目的
①
②
③
④
⑤
目標は細かく小さく持つとよい
何からしたらいいかわからない
目的
目標がないと目の前の大きな壁に圧倒されて、行動できない。

4　現状を知る

目的と目標が明確化されると、具体的な行動が生まれます。

そこで、正しい行動計画を立てるために必要なことは、現状を知ることです。

簡単に表現すると、自分が今どの時点にいるのかを正しく把握することが大切です。自分の居場所がわかっていないと、どうなるでしょうか。

目標が現状とかけ離れ、進んでも、進んでも辿り着かないという負け要素の強い計画を立ててしまうのです。

今の生活の中で確保できる時間はどれくらいあるのか。

共に進んでいける仲間はいないのか。

必要な知識や知恵を与えてくれるキーマンの存在はどうか。

目標に向かうに相応な経験値を持ち合わせているのか。

欠けているのであれば、どう補えばよいのか。

必要な費用はいくらか。

まずは自分を知ることです。

立ち位置を明確にし、不足している面は補いながら進んでいくことが大切です。すべてを補った後にスタートを切るのではなく、補いながら進むのです。

それができるのは、自分を知っている人のみではないでしょうか。

「行動しようと思うけど、何から手を付けたらいいのかわからない」と、よく質問されるお決まりの言葉です。

「なりたい未来を具体的に持っています。そのためにしなければいけないこともわかります」というのであれば、足りないのは現状分析です。自分の強みは何なのか。自分の弱みは何なのか。

行動力を加速するには、二面強化が必要です。強みは更に磨けば圧倒的な力に変わります。一方、弱みは最大の「のびしろ」です。

今まで苦手だからと逃げてきたこと、後回しにしてきたこと。

できない自分を認めて生きてきませんでしたか。行動力強化のためには「弱点」の補強は欠かせません。

今日からのあなたは「できない自分を認めない」ことから始めてみませんか。

本来「できない」という言葉は行動する前から使う言葉ではありません。行動した後に使う言葉です。

「苦手」という顕在意識に負けて行動する前から逃げ腰の状態では、できるわけがありません。

今のあなたをよく見直すことで、現状を深く分析してみましょう。

例えば、営業マンに多いタイプが「クロージングが苦手」であったり「新規提案が苦手」であったり、負担がかかるところを「苦手」の一言で終わらせてしまうタイプです。

そして、このタイプの営業マンが活躍することは極めて少ないといえます。

ただし、苦手を持ちわせていながら勝ち抜くタイプもいます。それが、弱点を補強できる行動力を持つ人です。

クロージングが苦手だからこそ、クロージング不要の営業トークをつくるのです。

トークがダメなら、お客さんから自然と選んでいただけるツールをつくるのです。つくると簡単に表現しましたが、「教えてもらう」ことと「つくる」ことは大きく違います。

つくるとなると、より大きな行動が必要となります。更には、何度もリニューアルを重ねて、自分に合ったものまで完成させていくのです。

営業トークは鮮度が必要です。

相手に合わせて新鮮なネタを用意する心構えを持ち、営業ツールの反応が乏しいのであれば、リニューアルするなり、見せ方を変えるなり、添える言葉を変えるなりやれることはいくらでもあります。現状を知った上で、変化していくことが重要です。

あなたは、先月の自分から変化できていますか。

きっと多くの人が「先月と今月で目立った変化はない」といいます。

ですから、目だった変化でなくても、僅かな変化を積み重ねて生きましょう。

そこで、現状分析を行うときのポイントは、苦手と向き合うことにあります。いきなり克服してとは言いません。向き合うだけでいいのです。

例えば、コミュニケーションを取るのが苦手であれば、ペラペラ喋らなくても良いツールをつくることも可能です。相手から話し出す仕掛けをつくることも可能です。

それは、均一に与えられたものではなく、自分が苦手と向き合ったからこそつくれるものです。

商品の興味づけが苦手なのであれば、一方的に話している自分を分析することです。魅力を話せば伝わるかというとそんなことはありません。

相手が聞いていなければ、話していないのと同じです。そういった意味では、自分のお気に入りのポイントを話してみたり、商品の印象を尋ねてみたり、日々トークを変化させながら、自分に合ったものを探してみるのも1つです。

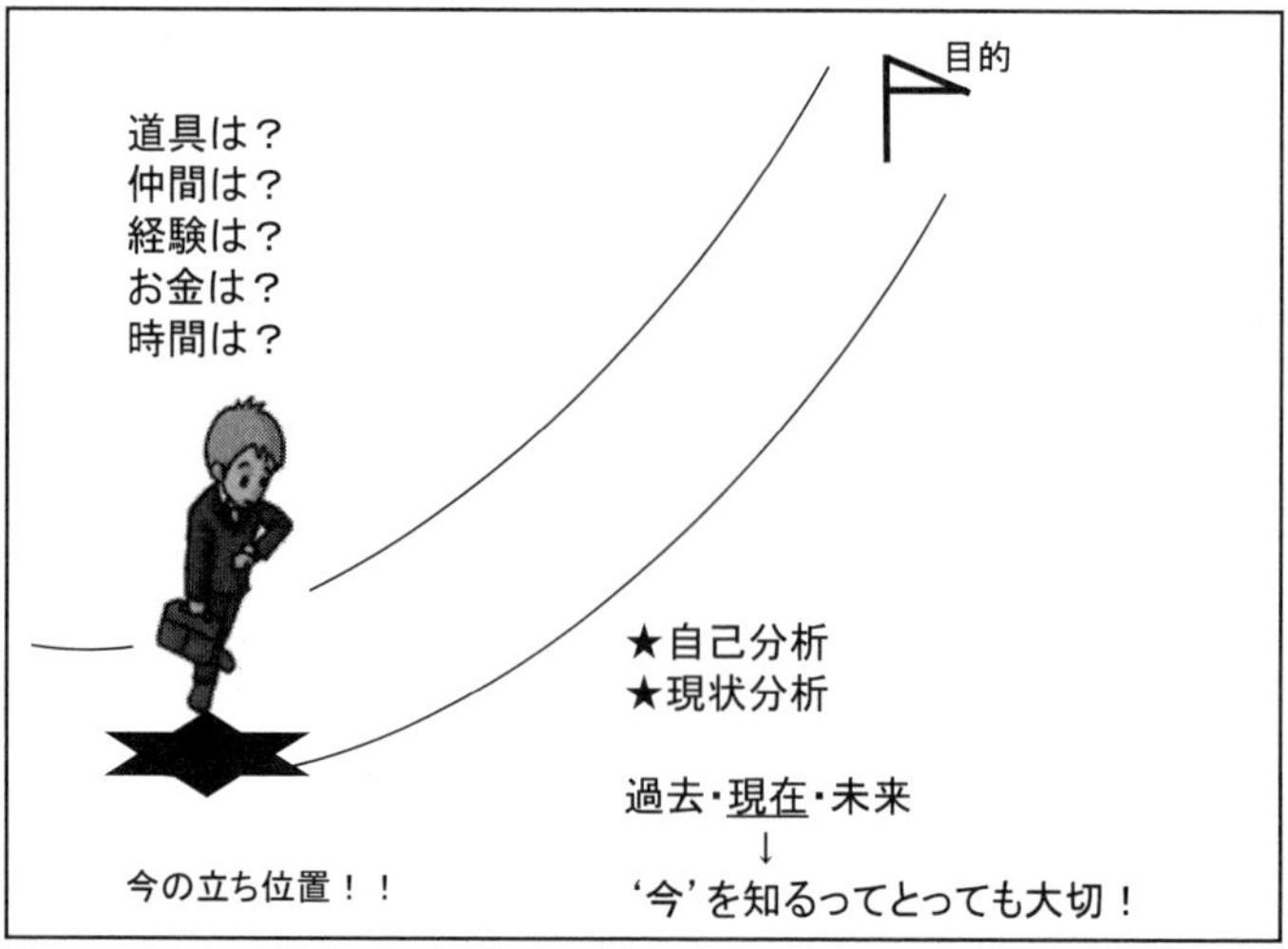

5　スモールゴールを持とう

一度に多くの目標を持つことを嫌う人がいます。

「とりあえず1つひとつ達成していきたいので、クリアしたら次の目標を立てます」といいます。

その気持ちもよくわかります。ただ、それだと目標が断続的になりがちで、幾つかの目標が困難になると、諦めてしまいがちです。

目標は小さく小分けに持つことが、行動できる自分になるポイントです。

スモールゴールを持つことです。

これは簡単なようで難しくもあります。

私は研修を行う際に、受講者が掲げた目的に対し、できるだけ多くの目標を書きだすワークを実施します。この目標がすべてスモールゴールになるのですが、残念なことに３つ～５つ程のゴールしか思い浮かばない人が多過ぎます。ここは､目的によっても違いますが､できれば10以上のスモールゴールを持つことをお勧めします。

目標を持つことは意識で克服できますが、スモールゴールを持つことは、慣れでもあります。

日々、目標を意識できるように細かく設定してみましょう。

そうすると、どこで未達に終わるのかが一目瞭然です。

もしもスモールゴールを持っていなければ、未達ポイントに気が付かないまま、時間が過ぎてしまいます。そして、半年後や1年後になり慌てることになるのです。

そうではなく、1週間や2週間後にスモールゴールが存在すれば、修正を前倒しに行うことができます。できなければ、まだ取り返すことができる範囲内で気づくことが大事なのです。

「いつの間にかサボってしまい、いつの間にか止めてしまった」

これを防ぐために「いつの間にか」を明確にしてあげるのです。

何が嫌だったのか。どこで諦めたのか。何が不安でスタートを切れないのか。どうすれば、続けることができるのか。すべての答えは、スモールゴールから導き出されます。

計画は立てたけれど、行動に移せない人。やりたいことがたくさんあるのに、やっていることが少ない人。そんな人の多くが、大雑把なゴールしか描いていないのです。

例えば、ドライブをするシーンでも同じことです。

高速道路にパーキングがあり、どこで休憩し、どこでソフトクリームを食べるのか。目ぼしがあるほうが楽しめますし、ハリがあります。これも、スモールゴール効果なのです。

人は変われるようで変われません。サボり癖がある人は、大変なときほどサボります。

手を抜く人は、重要な局面ほど手を抜きます。そして、一丁前に結果が出ないことを自分以外の責任にするのです。

営業は人と接する仕事がほとんどです。

電話営業を主にしていたとしても、声を接点にしてコミュニケーションを取っています。

そして、相手が機械ではなく人だからこそ、上手く行かないことが発生するのです。機械であれば、手順を間違えなければすべて順当に進むのです。

このスモールゴール理論は営業トークの中にも存在します。

成約というゴールに向けて、あなたはスモールゴールを幾つ持っていますか。

第一印象というゴール。親近感というゴール。共感性というゴール。会社を知ってもらうゴール。商品を知ってもらうゴール。必要性を理解してもらうゴール。他社商品との優位性を知ってもらうゴール。今日決めてもらえるゴール。

幾つものゴールがあるからこそ、お客さんを迷わせることなく目的地まで連れていけるのです。

もしもあなたが、スモールゴールを意識していない営業を掛けているのであれば、お客さんに左右される営業を行っているはずです。

早速、今日から見直してみましょう。

意識と行動が変われば結果は変わります。さらに、スモールゴールを持っているからこそ脱線もできるのです。

仮に、目線とは違う方向の取組みを始めたときも、トークが横道にそれたときも、楽に軌道修正できるのは通過点となる場所があるからです。

営業部の方針で、月間の契約目標数が設定されていたとします。これが1つの目標であれば、そこに迷わず辿り着くための通過点となる目標を上げるだけ上げる癖をつけましょう。

週間のゴールを設定するのも1つです。

ただし、決められた数を均等に割るようなスモールゴールだけでは、手前が未達成のときに苦しくなります。スモールゴールを達成するために、何をしなければいいかないか「行動」をしっかり設定しましょう。

1日に何件の商談をするべきなのか。

訪問件数はどのくらい必要なのか。

営業マンの行動は、量と質どちらも磨く必要があります。

そして、なんとなく過ごす一週間と、意識して過ごす一週間の違いを肌で感じることができれば、目標達成の勝ちパターンに入ることができます。

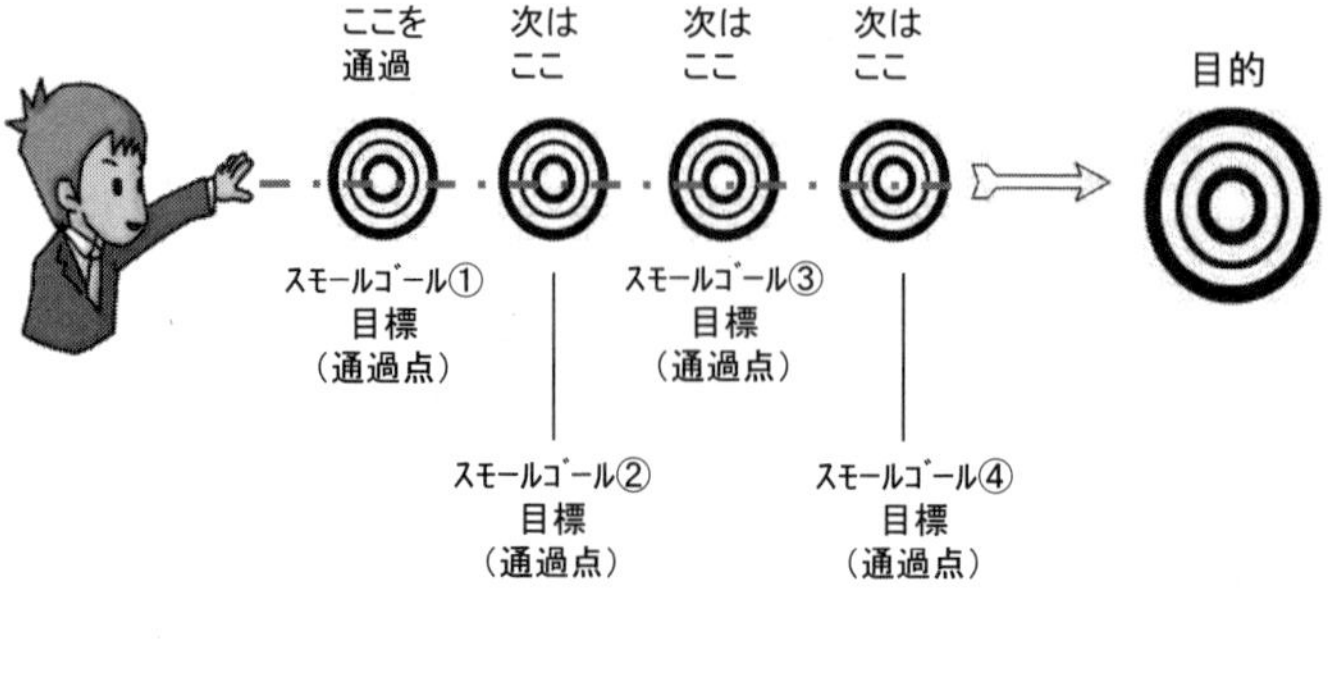

スモールゴールを多く持てば、通過点がぶれずにすむ！

⑥ ビッグゴールを持とう

あなたは目的をいくつも描くことができますか。

スモールゴール（段階に合わせた小さな目標）は多く持ったほうがよいと述べました。

そして、その先に目的があることはもう理解いただけていると思います。

ここでの重要ポイントは、目的の先にある目的を見据えることです。

まだ達成していない目的は、あなたにとって当面の理想未来ですので、そこに近づくために行動していくはずです。ただ、その手前に目標があり、場合によっては目標に飲み込まれている人も少なくありません。手前の目標が達成できずに夢を諦めてしまうのは勿体なさ過ぎます。

そうならないための考え方が、目的を達成した後に何をしたいか更に考えることです。

そうすると、目的が最大のフラッグ（旗）ではなくなります。

目的までもが、「とりあえず」の通過点となるのです。

ひとまず１つ目の目的を達成しましょう。そうすると、次は２つ目の目的にトライしましょう。

もしかしたら、今の自分とのギャップに笑いが出てしまうかもしれません。それでもよいのです。

笑う人がいれば、笑わせておけばいいのです。ただ、誰に笑われても、自分が本気ならそれでいいのです。笑う他人。呆れる他人。バカにする他人。信じない他人。あなたが描く未来は、あなたのものです。他人の顔色を見て未来を決めることはありません。それは、行動するのは他人ではなくあなただからです。

物事で大成を遂げた人はいつだってそうです。他人が、非現実的だと思っていたことを現実にしてきたのです。

それは、特別な人ですか？　少なくても、思い描いた時点では普通の人だったはずです。目標を1つひとつ達成し、目的を達成するに連れ、普通の人が特別な人に変わっていったのです。その人たちは、類いまれな才能があったのでしょうか。

世の中の99％が凡人であれば、才能の話をするのは止めましょう。才能ではなく行動を起こした人が成功しているのです。成功者は間違いなく人よりも行動の量と質が違います。

そして「あいつは若い頃からでっかいことを語っていた」なんて成功した後に言われます。そうであれば、あなたにも同じことができるのです。

まずは、ビッグゴールを持つことです。その瞬間、第1目的は通過点となり、行動力に拍車が掛かります。いかがでしょうか？

1つの目的に押しつぶされてしまう前に、更にでかい目的を描いてみませんか。

営業マンをしていると、いつの頃からか自分の限界点を決めてしまいがちです。

自分の行動が数字で判断されるようになり、優績者と自分を別個と考えがちです。

「あいつは営業ができるやつ」

「自分は、この程度だから仕方ない」

そう考えるのは大きな間違いです。

仮に営業成績に大きな差があるのであれば、それは知るものと知らないものとに差が出ているだけです。

売れる営業マンは売り方を知っているのです。

売れない営業マンは自分に合った売り方を知らないだけなのです。

何をしたら成果に結びつくのか。

お客さんの反応を得るための手段は。

声の掛け方は。

お金の話は。

迷っているときの反応は。

結果の差は、行動の差です。そして、成果を上げるパターンを持つためには、「できるやつになる」というビッグゴールを持つことです。大きな目標を持ち、そこに辿り着くために手前のゴールに向かいましょう。

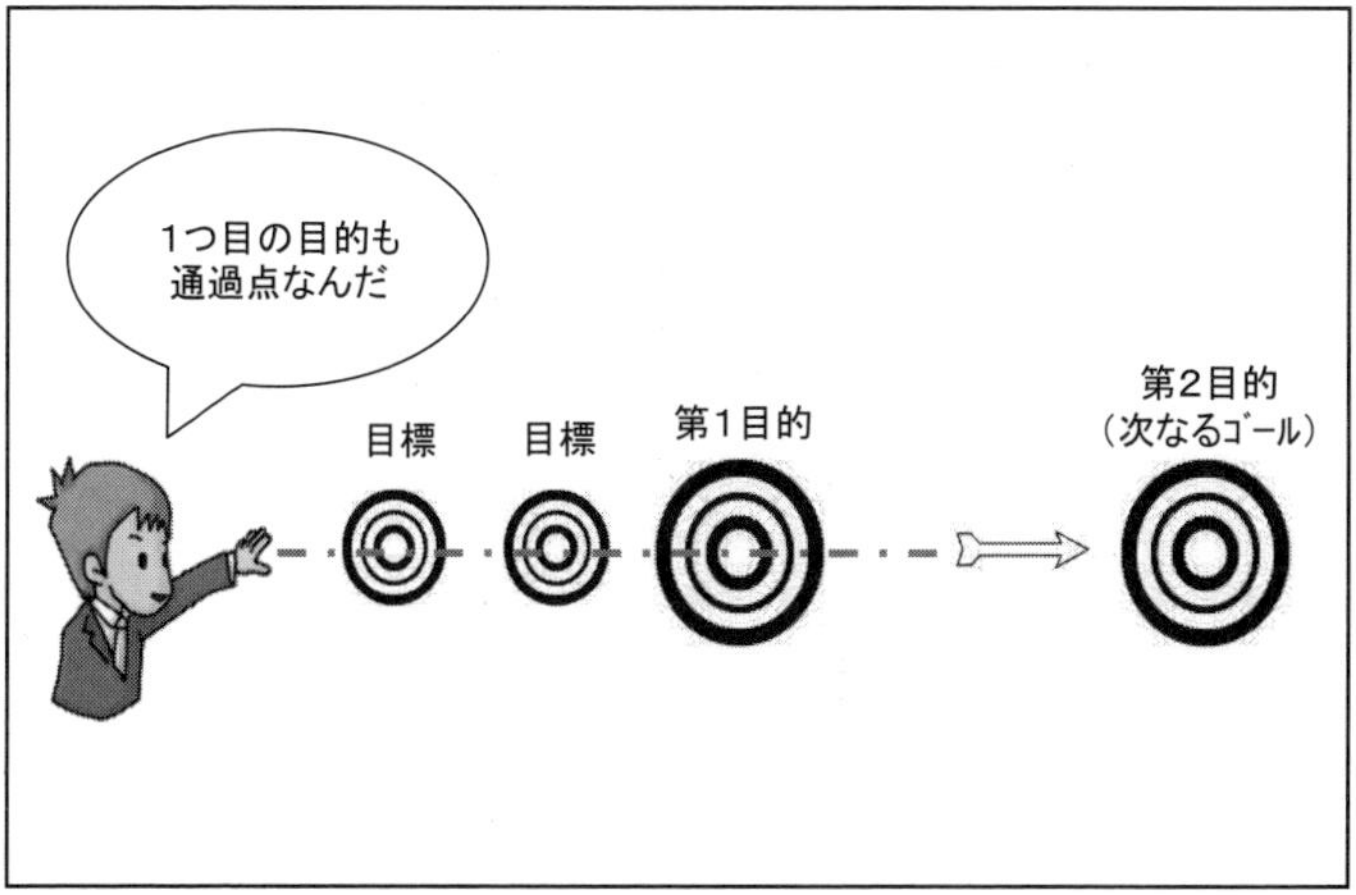

7　自責に変える

行動力の欠如には、考え癖が大きな影響を及ぼします。

それは、時折、口癖となって表に出てきたり、行動となって現れたりもします。

そして、その考え癖の重要ポイントが物事の責任をどう捉えるかによって、「自責」と「他責」の2つに大別できます。

「自責」とは、身の回りで起きることすべてを自分の責任にあると考えることです。

「他責」とは、身の回りで起きることすべてを他の責任にあると考えることです。

自責の考え方とは責任を内側（自分自身）で解決し、他責の考え方とは責任を外側（自分ではコントロールできない）に押し付けようとします。

よく周囲を見渡してみてください。世の中の多くの人が、今日も他責で生きています。

「景気回復なんて言っても、我々平民にはまだまだ関係ないよな」

「これだけ経済が悪いと、お客さんも減る一方だ」

「最近の若者は根性がないから、採用も難しいよ」

「上司に恵まれていないから、昇進も難しいよ」

自分の責任じゃない。いつか、誰かがやってくれる。○○のせいでこうなってしまった。世の中を他責で捉えると、一時的に心が楽になります。

何故かって、それは、そうでしょう。だって、すべて自分の責任じゃないのですから。

いつも、誰かの（何かの）責任で自分は悪くない。「でも」や「だって」が次から次に出て来ます。

いつも逃げ道を持っていて、最終的な責任を取ろうとしないのです。

そんな人は発想ばかりで行動には移さないことがほとんどです。

それは、行動とは何らかの問題や障害が発生するリスクがあるからです。そして、その障害やリスクが目の前に立ちはだかると、お得意の他責を使い行動を止めるのです。

確かに、誰でも自分がかわいいのは事実です。

ただ、本当にいま障害やリスクから逃げ出すことが自分を可愛がることになるのでしょうか。

いつまでも目的地に着かない人生を送ることが、本当に自分の利益になるのでしょうか。

一方、自責で受け止めるとはどういうことでしょうか。今自分にできることは何なのか。

「仕方がないよ」ではなく「どうすれば好転するのか」と自分ができることを精一杯考えることです。責任転嫁は、自分を守るテクニックであることは確かですが、それに甘えることなく自分と向き合うのです。イメージしやすいのは営業報告のシーンです。

「横やりが入り、商談が流れてしまいました」

「あのお客さんは資金面に乏しい人でした」

「時間が取れなくどうしようもありませんでした」

上司からすると「しょうがないな。次、頑張れよ」と言わざるを得ない他責の塊報告です。

これを自責の考え癖を持つとどうなるか。

「横やり対策を怠ったのは誰なのか」

「限られた資金で優先順位を下げられたのは誰の責任なのか」

「商談の初めに時間の確保を行わなかったのは誰なのか」

自責で考えれば、次に何をしなければいけないか。自分自身の行動を振り返ることができます。

そんな営業マンは言い訳のような報告を上げることはありません。あなたも想像すれば答えは簡単に出るはずです。

どちらの営業マンがグングンと成績を伸ばすタイプなのかを。考え癖を自責に変える。それだけで、あなたの行動力は勢いよく回転し始めます。

～他責～ 責任を外にみつける	～自責～ 責任を内にみつける

○○のせいで （社会） （他人） （経済）etc 自分じゃない 自分は悪くない いつか誰かが	○○のおかげ様で （社会） （他人） （経済）etc 自分ができることは 悪いところは治そう 今すぐ自分が

8 他責の考え癖に対処するには

行動力がある人の共通点は、他責の言葉が極めて少ないところにあります。それは、他責がカッコ悪いことだと知っているからです。ただ、多くの人はそれに気づいていません。

だからこそ、まずはあなたが気づくところからスタートしてみませんか。

他人が発した言葉が「自責」なのか「他責」なのかを仕分けてみてみましょう。

そうすると、驚く程世の中の会話は他責で埋め尽くされていることに気づくはずです。

「ダイエット始めたのに、旦那がケーキを買ってきてさ…」

もしもあなたがピントを合わせて聞いていれば受け止め方はこうなります。

「…で、食べたのは誰なの？」

そうです。旦那がケーキを買ってきたのは事実です。これは、起きてしまった現象ですから、時間を戻して買って来ることを阻止はできません。間違いなく、その夜の仕事帰りに旦那はケーキを買って来たのです。そこで、ダイエットという明確なゴールを持っているのであれば、考えなければならないはずでした。

目標は、夕飯後に食べ物を口にしないこと。そうであれば、例えば明日の朝食べるという選択肢もあるはずです。ただ、他責の考え癖がついている人はそうは考えません。

「旦那が買ってきたんだから仕方ないよね」

「時間を置くと傷むから、今夜のうちに食べないと」

「大丈夫。その分、明日頑張ればいいよ」

ほらほら。言い訳はたくさん出てくるのです。

そして、そんな会話を聞いたあなたが気づけばいいのです。

ゴールに辿り着く人と途中で諦めてしまう人の違いに。

他責の対処法は、反面教師から生まれることが多くあります。

ただ、他責がすべてにおいて悪いわけではありません。自分を許すことも必要なのです。

ですから、ここで大切なことは「他責」とうまく付き合うことです。そうしないと、すべての責任を自分に追及するとそれだけで疲れてくることもあります。考え方は自然と考え癖にすることを心掛け、今日から一気に変えるには危険が伴うことも知っておきましょう。

その上で、どう考えるか？　まずは、自分の責任だろうと、他の責任だろうとどちらでもよいこと。この辺から入ると負担なく考え癖がついてきます。

《いつもの電車に1本遅れた》

「赤信号が続いたからだ」

「家を出る前に子供が泣き始めたから」

「自転車置き場が混雑していたから」

何となく無意識の意識で遅れた理由を自分以外の他に見つけ、自分を納得させるこんなとき。

よく考えれば、いつもの電車に1本遅れたからといって大きな問題でないのであれば、理由は何でもよいのです。そうであれば、自分の責任にしましょう。

「出かける前のニュースが気になってダラダラ時間を費やしてしまった」

「明日からはもっとしっかり時間を意識しないといけないな」

たった、これだけのことです。

そんな考え癖を持ちましょう。

そして、自分の行動において、決めた目的や目標、未来の自分に直接関わるところも責任を取っていきましょう。

その他の中途半端なものは、まずは他責でもよし。

そのくらいからスタートすれば、自然と馴染みます。

人との会話を「他責」にピントを合わせて聞いてみる

どうしてできなかったの？
なぜ続かなかったの？
でも・・・だって・・・
そういうけど・・・
○○がなかったら・・・

「質問をしてみる」

⇩

「聞こえてくるのは
言い訳がほとんど…」

同じところをグルグル回るだけで、いつまで経ってもゴールに辿り着かない。

⑨ 自責の受け止め方を変えよう

「責任」―不思議とこの言葉は重く聞こえるものです。更に自責となるとそこに「自分」という意味の言葉が付いていますので、気分が軽くなる言葉ではありません。

ちなみに「責任」とはどういう意味でしょうか。

『自分のしたことの結果について責めを負うこと。特に失敗や損失による責めを負うこと』

国語辞典にはこう書かれています。

誰が見たって負いたくない雰囲気の説明です。だからこそ、ここは受け止め方を変えてみましょう。ここでいう自責とは、責任ではなく、可能性と捉えるべきです。

目の前で起きた事実に対して、何か他にできることはなかったのか？

他に責任を押し付けるのではなく、自分自身の可能性を大きく広げるきっかけにするのです。

営業のシーンにおいて契約を取りこぼしたのであれば、商品やタイミングやお客様が悪いと考えるのではなく、自分にできる次の手を考えます。他に、可能性がなかったのか考えます。

重い責任ではなく、浮上のきっかけとなる軽い軽い気球のようなイメージです。可能性がいっぱいに詰まった気球に乗れるチャンスは絶好調のときではありません。

何か失敗をしてしまったときや、思い通りに行かなかったときに、「自分ができることが他になかったのか」考えるチャンスが来たと捉えるべきです。

そうすれば、自責とはそんなに嫌なものではありません。

そして、そう考えることで二度同じ失敗を繰り返さない自分になれます。

責任を他に押し付けて過ごしていると、また同じ事実が起きたときにまた同じ理由を他に押し付けます。景気が悪い。まだまだ景気が悪い。更に景気が悪い。いつまでも景気が悪いなど。

きっとこの人の周りはいつまで経っても景気は悪いままではないでしょうか。

ピンチはチャンスと、よくいう言葉です。ただ、ピンチがやって来たときに、いつかチャンスが回ってくると両手を合わせているだけでは、いつまで経ってもあなたにチャンスは回ってきません。

まずは、ピンチをピンチと捉えることが大切なのです。

自分の責任としてピンチを捉え、そこから何ができるか可能性を探り、行動した人にのみチャンスが回ってくるのです。そうすれば、回ってきたチャンスを逃すことはありません。

それは、なんとなく回ってきたチャンスではなく、自分から掴みに行ったチャンスだからです。

ピンチをピンチとして捉えるーそれが、言葉を変えると「自責」となるのです。

物事は受け止め方一つで白にも黒にもなります。

起こってしまった事実は一つ。そこに対する受け止め方は無数にあります。そこで、行動力のある人が共通して選んでいる答えは「未来」です。

起きた物事の捉え方は「過去」と「現在」と「未来」に分けられます。

過去とは、あのときにもっとこうしておけばよかったと悔やむこと。

現在とは、今の自分には力がないと悔やむこと。

未来とは、今からどうしたらよいかと考えること。

流れる時間の中で変えることができるのは1秒後から先に広がる未来のみです。もちろん、時折過去を振り返り敗因分析を行い、現在の立ち位置を確認することは必要です。ただ、すべては未来と思うからこそ過去と現在が生きてくるのです。

さて、あなたの今日からの考え癖は「他責」ですか、それとも「自責」ですか。行動できる自分。躓いても起き上がり前に進むことができる自分。誰かが引き留めても、自分の目指すゴールに向かって前進できる自分。そんなあなたでいれば、間違いなく夢・目標は達成できます。

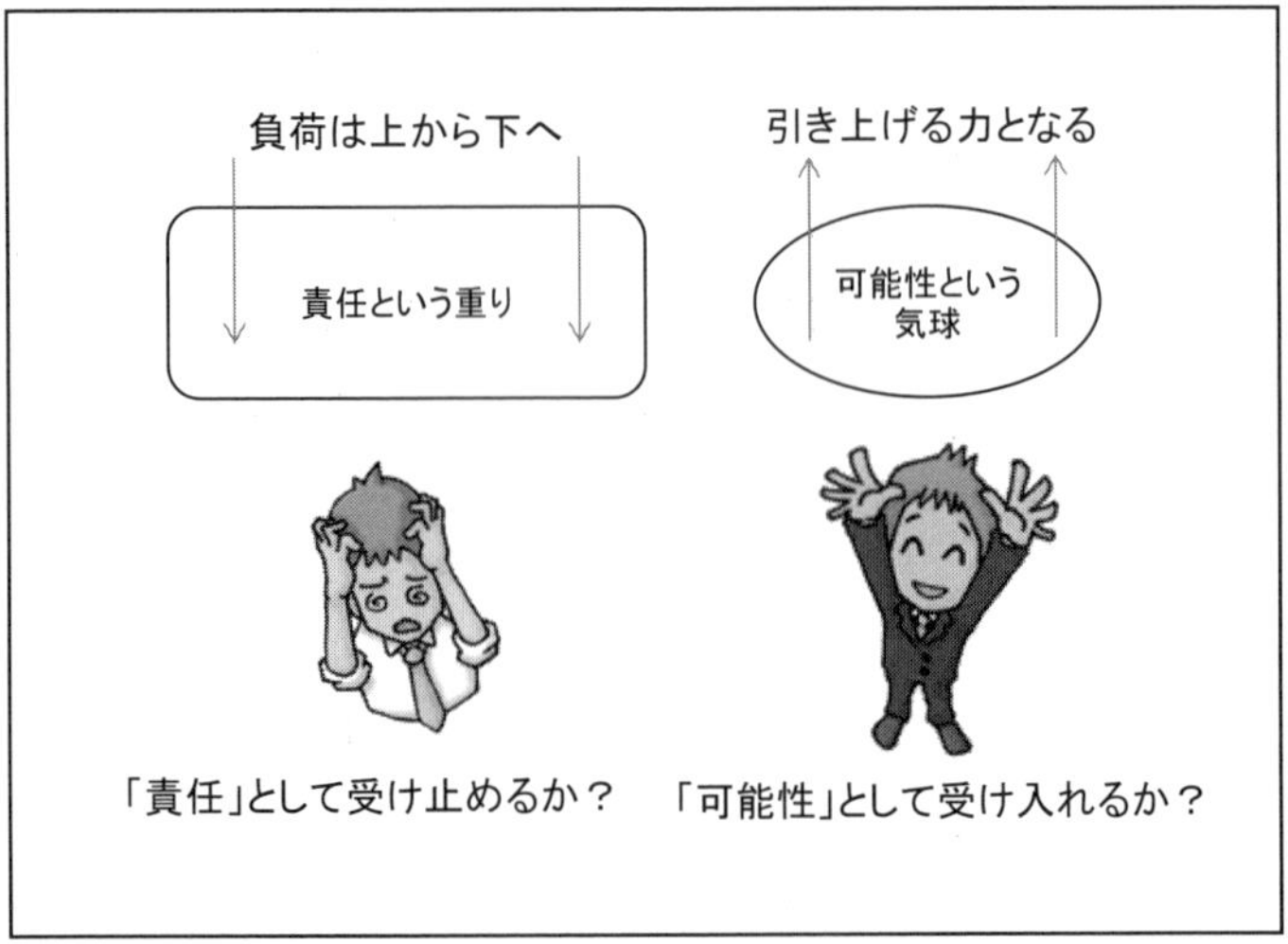
負荷は上から下へ
責任という重り
引き上げる力となる
可能性という
気球
「責任」として受け止めるか？
「可能性」として受け入れるか？

10　宣言をする

内なる思いは届かないことのほうが多いものです。

それは、時として人は上方修正や下方修正を行いながら生きていくからです。

自分で決めた目標があり、それに向かって日々行動することを決めた人がいます。

ただ、やっぱり人は自分に一番甘い生き物なわけです。

それは誰が悪いでもなく、最終的には自己肯定の心理学的世界に入っていくと思われます。

そして、多くの人が目標の下方修正を行うことになります。

期日を先延ばししてみたり、目標値を小さくしてみたり、そもそも行動をひと休みしてみたり。

そして、一度下方修正されたものを元のポジションまで引き上げることは、それは大変な決意と、以前にも増した行動が必要とされるのです。

そうなると、負けパターンです。だからこそ、そうならないためにどうすればよいと思いますか。

答えは、他人に話すことです。それも宣言という形が好ましいでしょう。

自分の胸の内に留めるのではなくて、外に発信していくのです。

せっかく行動すると決めたのであれば、それは誰かと共有することがとても重要です。

共有なんて言葉を使うと、親友や大切な人をイメージするでしょうが、もっと気楽な構えでかまいません。それは、誰でもいいので聞いてくれる人に宣言するだけでよいのです。

「ちょっと聞いてくれよ。俺は○○始めることに決めたんだ」

たったこれだけをするか、しないかです。

相手が興味を持って聞いてくれれば、更に具体的な宣言効果を得ることができます。

スポーツ大会の開会式でよくある選手宣誓。大勢の前で一段高い台の上に上り宣言をするあのシーンを思い浮かべてください。

選手宣誓を聞いた人がその後の大会中に宣言された言葉を思い出すことがありますか。

きっと思い出す人はいないでしょう。ただ、宣言した本人だけは違います。宣言するに当たり、言葉を忘れないように繰り返し口ずさんできたはずです。何度か練習も繰り返したはずです。そして、迎えた本番では多くの選手や観客の前で宣言したのです。

そうであれば「最後まで諦めない」といった行動目標を劣性な状態において思い返しているかもしれません。宣言というのは、言葉は外に出て行きますが、そうそう相手の心に残ることはありません。本当に重要なことは、宣言した本人の意識の内側に入ってくることにあるのです。

あなたが、何か志を持って目的を定め、そのための目標を掲げたのであれば、身近な人に宣言してみましょう。できるだけ多くの人に発信し、その声を自分の内に留めるのです。

営業部において、朝から宣言をしている光景はよくあります。本日は何本のアポイントがあり、どこが重要案件で、何本の契約を上げて来るのか、宣言を行うのです。

例えば、10人の営業チームがあったとして、他人の宣言の内容は誰も覚えていないのです。ただ、全員の前で宣言することで、自分が何を宣言したかは覚えています。これだけで、宣言効果は営業マンの行動力となります。「社内でトップの成績を取る」「月間○○の売上を上げる」「役職を狙う」ことを宣言したにも関わらず、成績が上がらないでいるとどうなるでしょうか。仲間から冷やかされたりするかもしれません。

それはあなたにとって不利な状態ですか？　有利な状態ですか？　宣言したのにできないでいると自尊心を傷付けられるかもしれませんが、行動力を加速させるためには、プレッシャーも必要です。

宣言して周りを巻き込む位の影響力を持っていれば、嫌でも学び、きつくても成長するしかありません。

早速、まずは言える仲間から宣言してみてください。

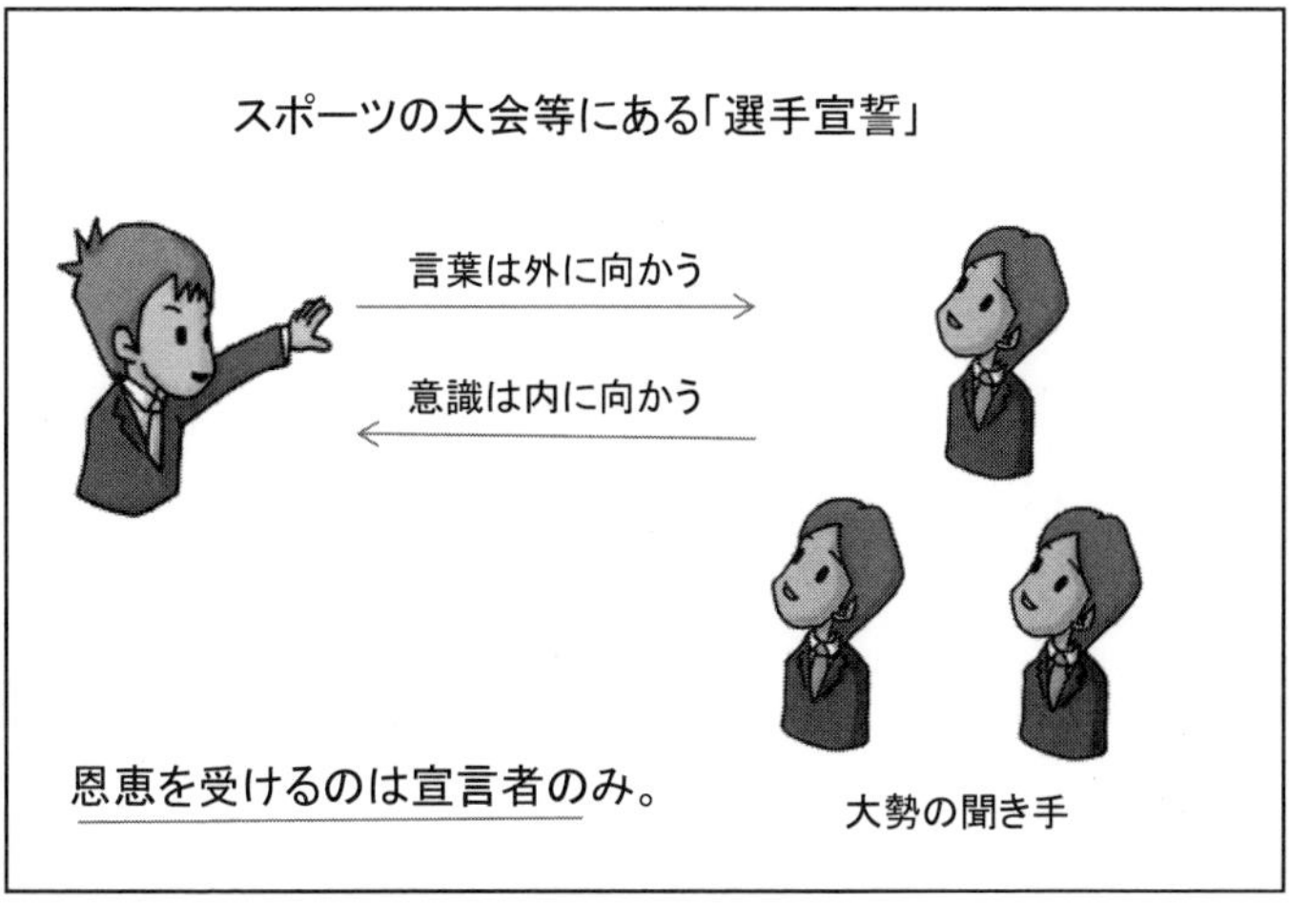
スポーツの大会等にある「選手宣誓」
言葉は外に向かう
意識は内に向かう
恩恵を受けるのは宣言者のみ。
大勢の聞き手

11　期日を決める

行動と期日は常にセットです。これを必ず癖づけることで、行動力が一気に加速します。

例えば、会社で上司に「この書類いつでもいいから手の空いたときにつくっといて」と頼まれました。

このとき、上司の頭の中では「2～3日内につくってもらえればいいや」と思っていたとします。

ただ、それを聞いた部下が「今週は忙しいけど来週になれば余裕ができるな」と考えていたとします。

さて、この書類が2～3日内につくられることはあるでしょうか。間違いなくありません。

そして、数日後に上司から尋ねられるのです。

「あの書類はまだできていないのかい?」

こんな簡単なやりとりですが、お互いに期日の確認を怠ったために、行動にズレが生じてしまったのです。

「いつまでに○○をする」というたったこれだけのことですが、期日が明確であれば人は逆算して行動を計算立てます。

先ほどの上司が「○日までにこの書類つくっといて」と会話の中に期日を入れていたのであれば、展開は全く違ってきていたでしょう。

これは、相手があることばかりではありません。自分の行動にも同じことが言えるのです。

例えば、手帳の中によくある「ＴＯＤＯリスト」も同じです。

やらなければいけないことを書いて、終えたらチェックをするリストのことです。

もしもそこに、期日記入覧があったなら、より達成度の高いＴＯＤＯリストとなります。

人というのは、面倒なことは後回しにする癖があります。

やりたいことから取り掛かり、やりたくないことはできるだけギリギリまでおいておきたいのです。それは、忘れているわけではなく、頭の中ではやらなければいけないことくらい、わかっているのです。ただ、気乗りしないだけなのです。

そこに、期日がなければなおさら置き去りになるのは当然ともいえます。

だからこそ、自分自身に働きかける意味でも期日が必要なのです。

「必ずいつまでにこれをやる」と決めることです。期日が決まれば、人は逆算を始めます。

それが行動計画となるのです。行動計画を立てることが苦手な人の共通点をご存知ですか？

その共通点とは「期日を決めない」ところなのです。

「いつか起業する！」

「そのうち資格を取る！」

こんなことを言っている人を見ておいてください。いつまでも始めないか、始めたと思ったらいつの間にか止めていたりするのです。

やるべきことはペース配分から始まります。

例えば、マラソンを走る人が、どこにあるかもわからないゴールテープを目指してベストの走りをすることはできません。わからなければそこには余力が生まれます。力を余しながら様子を見ながら走るのです。

場合によっては、あまりにゴールが見えないものだから途中で走るのが嫌になったり、向いてないと思ったりするのです。だからこそ、ゴールは何キロ先にあると認識することでしか、行動できないのです。

いつまでに何をするのか。

そして、それを決めた日に一歩踏み出すことです。

お得意の「明日から」は行動しない習慣ができてしまいます。僅かなスタートでもよいので、決めた日に行動です。一歩踏み出せば一歩近づきます。

必要なのは「今日から」の意識です。

支払期日
○月○日
・支払期日
・予約期日
・申込期日
・提出期日
期日は行動を促す必須条件。

12 情報を鵜呑みにしない

行動しようと思うことは誰でもできます。難しいのはそれを実践に起こすことです。更には、結果が出るまで行動し続けることです。これができれば世の中の人は皆、成功者といわれる位置に辿り着くはずです。

ただ、残念ながら多くの人が行動しようと思ったところから動かずにいるのです。

その多くの原因が、行動する前に考えることにあります。

行動することが正しいことなのか？　そのための方法は？　予算は？　期日は？　ベストの状態を探っているうちに、行動に対する情熱がなくなっていくのです。

それでは、行動しようと思った後に止めたくなるのは何故でしょうか。

その理由の１つが情報です。

行動する前に誰かに相談をすると、他人からの情報が入ってきます。

「あの資格は簡単には取れないから止めておいたほうがいいよ」

「独学では難しいから夜間学校に通うほうがいいよ」

「通信講座のパンフレットを数社取り寄せて、その中から吟味してみなよ」

「そんな資格を持っている人は数万人もいるから、それだけじゃ食べていけないよ」

聞けば聞くほど、選択肢は多く、中にはブレーキを踏んでくる人も現れてきます。

または、インターネット等での情報収集も行動力を減速させるリスクを伴います。

行動しようとしているキーワードを検索すれば数万の情報が一気に押し寄せてくるのがインターネットの世界です。そして、そこからは相手の顔が見えないことがほとんどです。

真っ向から否定したもの。やる気をそぐもの。中には、もっと違う行動を優先したものまで出て来ます。こうして、人から情報を得て、インターネット等からも情報を得て、情報の渦に飲み込まれてしまうのです。

ただ、情報を得ることは確かに必要なことです。

そうであれば、情報の選び方です。
①顔の見える情報を集めること
②実践者の情報を集めること。
③やると決めたことなのであれば、マイナスの情報を切り捨てること。
この3つが最低限必要な選択のコツです。

人が行動を始めようとしたときは、少しだけ取りかかるものです。そして、手応えを確かめるのです。このまま続けていいものか。それとも、早めに見切りをつけたほうがいいものか。

この段階で仮に「やりたくない」と思ったり「大変だ」と思ったり「継続する自信がない」と思っ

たりするとどういう行動に出ると思いますか？

不思議なことに、無意識のうちに「行動しなくてもいい理由を探し始めるのです。そうなると、そんな理由は簡単に見つけることができます。

「あの人がやめとけって言っていたから」

「よく考えると、昔から勉強は苦手だ」

「案外時間が掛かりそうだけど、私にはそれだけに掛かる時間はない」

そんな理由をあっという間にどこからでも見つけるのです。そして、その大義名分を持って堂々と行動することを止めるのです。だからこそ、情報を鵜呑みにしないことです。

行動できずにいつまでも同じ場所に立ち続けている人。そして、その場で情報を収集しては考え、考えては情報を収集することを続けている人がいます。そんな人はいつまで経っても何１つ成し遂げることはできません。情報の多い時代だからこそ、気に留めておく必要があることです。

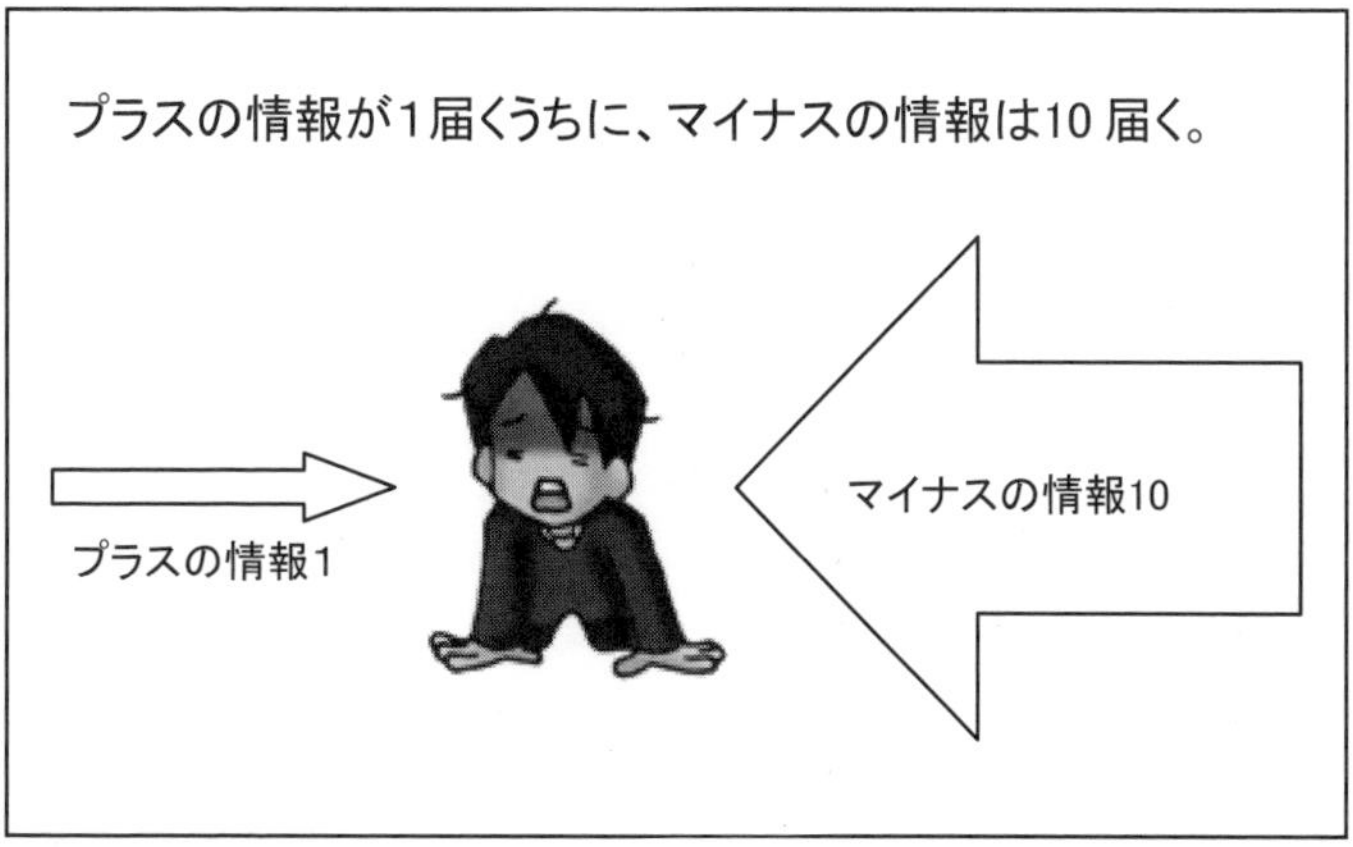
プラスの情報が１届くうちに、マイナスの情報は10 届く。
プラスの情報1
マイナスの情報10

13 行動しないリスクを考える

目的を持って行動するということは、何もしない日常よりも多くの負荷がかかります。それは、行動の速度と比例します。

早く目的地に辿り着こうと思えば、多くの行動が必要になります。そうすると、当然多くの負荷がかかるわけです。

ですから、人は立ち止まるのです。本当に負荷を乗り越えた先にある目的を達成することが、今の自分に必要なのだろうかと根本から考えてみたりもします。

確かに何もしなければ失敗もありません。疲れもしません。昨日までと同じ生活のペースが待っているのです。それを人はぬるま湯に浸かると表現します。

ぬるま湯というのは、周囲の空気が冷え込めば冷え込むほど、入った瞬間は温かく感じるのです。瞬間的に居心地のいい世界に入れるのです。

ただ、その居心地の良さに慣れてしまうと次はそこから出られなくなります。

試しに少し外に出てみると外気の冷たさに身体が冷えてしまうので、結局また元のぬるま湯の世界に入らざるをえないのです。

結果として行動を起こすこともできず、ただじっとその場から動けない人間になってしまうのです。

さて、それではぬるま湯から出るタイミングはいつがよいでしょうか。

答えはもちろん、少しでも早いほうがよいのです。

時間を掛ければ掛ける程、外に出ることができなくなります。

更に、もしもそのぬるま湯に仲間と一緒に浸かっているのであれば、非常に危険な状態です。

ぬるま湯に入っている仲間は誰もが薄々気づいているのです。

このまま浸かっていることが、自分の成長につながらないことを。

ですから、仲間が減ることを恐れます。人は誰もが置いて行かれたくないからです。

そこで始まるのは、慰め合い。傷の舐めあい。ぬるま湯の正当化です。

もしも、あなたがぬるま湯に入っているのであれば、今日にでもそこから抜け出しましょう。

考えるべきことは、行動しないことで起こり得るリスクです。

目的を見つけたにも関わらず、目標を描いたにも関わらず、行動できていない自分がいるのであれば、このまま行動をせずにいるとどんな未来が待っているか想像してみるのが最良の方法です。

せっかくですから、最悪の状態まで考えてみることです。

いつまで経っても目標を達成できずにいる自分。

もちろん、新たな何かを得ることもありません。動かずともチャンスが回ってくるタイミングをじっと待っているのです。そんな人にチャンスが回ってくるでしょうか。

間違いなく後回しです。更に、回ってきたとしてもそのチャンスを掴むことはきっとできません。それは、チャンスを掴む自力がついていないからです。行動しない癖がつき、チャレンジできない癖がつくと、新たな目的すら持てなくなります。目標を描くのも嫌になります。結果として、何1つ新たなことができない自分になるのです。

人としての成長。それは、日常の中からは生まれません。非日常の中から育まれるのです。

日常的に行動しない一番の怖さは、営業で結果を出すためにここぞと言うとき、行動できない自分になってしまうことにあります。

ゆっくり考えてみてください。できれば悲観的に、行動しないことで起こり得る多くのリスクを。ゾッとして居ても立ってもいられなくなりますから。

息抜きも大切
ペース配分も必要
ゆっくり、ゆっくり
一服していこうぜ！
過剰な休憩から生まれるものは少ない。

14 行動することのリスクを考える

行動しないことでのリスクは多くのものが見えてきたはずです。

その多くが損失という形でわかりやすく描けたのではないでしょうか。

それは、何かを達成する機会の損失や居場所を確立する機会の損失、なりたい自分になる機会の損失というように、未来を失うとても勿体ないものばかりです。

一方、行動することのリスクを考えてみましょう。

「やってみたけどできなかったとなると時間の損失だ」という人がいます。果たしてそれは本当に損失でしょうか。確かに、その時間を何か別のことに充てることで成果を上げることができたかもしれません。ただ、それは結果論です。

何もしなくても、別の何かをしていても同じように時間は過ぎていくのです。仮に、「何か別のことに充てていたら」と考えるのであれば、あなたが考える別の行動を今すぐとるべきです。

「たら、れば」を使う多くの人が、いろいろ考えているだけで結局何も行動していないというのはよくある話です。

「やってできなかったら落ち込むから止める」という人がいます。

そろそろそんな言い訳は止めにしませんか。やってみて、できない自分をみて落ち込むのではなくて、そういう言い訳を見つけて行動しないままの自分に落ち込んだほうがいいです。

やってみてできないのであれば、誰かに助言を仰ぐなり、別の方法を試すなり、次の手はいくらでもあります。一方、やらずにいる人には、次の手がありません。

結局は、行動するかしないかの二者択一です。

双方のリスクを照らし合わせたうえで、あなたはどちらを選択しますか。

例えば、全く泳げない人がドーバー海峡を泳いで渡ると決めたとします。

そのまま水着を買いに行き、渡航の申込みを済ますというのはあまりにも無鉄砲です。

前述のとおり、目的が海峡横断なのであれば、目標を設定する必要があります。

まずは、スイミングスクールに申込むことからでしょうか。泳ぎのほうを習得すれば、近海を泳ぐことも必要でしょうし、多くのやるべきことが出て来ます。

そうしていく中で「できないこと」が1つずつ「できること」に変わっていくのです。基礎体力が付いて、泳ぐことの楽しさを知り、仲間が増え、人生が充実することでしょう。

結果として、ドーバー海峡を泳いで渡ることまではできなかったにしても、目的達成に向けての行動の中で、数えきれない程のものを得るはずです。これが営業の世界ではよくあることです。

中には、中途半端に経験している営業マンよりも、全くの未経験者のほうが行動力があることもあります。経験者は過去の体験から、行動しても上手くいかない経験を多くしています。

そして、営業をする前に考えるのです。

「この流れは成約に至らない」だとか「あの客層は決まらない」だとか行動する前から判断してしまいます。一方、未経験者にはその判断基準がありません。だからこそ、目の前の行動に全力投球できます。それは、時として非効率があったり、無駄があったりもします。決まらないお客さんを追いかけていることもあります。それでも、知らず知らずに難局に挑み、大きな実績を得ることもあるのです。そういった経験を踏みながら、得意な営業パターンをつくり上げるなど自分の方法を確立させていけばよいのです。

初めから頭だけで考え、できそうなことだけに取り組み、できそうにないことはしないとなると、平均的な営業マンにしか育ちません。

まずは行動を起こしてみることです。

そして、多くの行動の中から自分の営業スタイルをつくっていくべきです。頭で考えるだけではなく、身体で感じることが重要です。

行動するとことで減っていくものは、
そう多くない。
目に見えて減っていくのは、やる気や情熱といった気持ちの部分だけ

15 行動しない後悔を考える

過去の出来事を振り返ってみて、「ああすれば良かった」「こうすれば良かった」というのは誰もが少なからず持っています。

一方、「ああしなければ良かった」「こうしなければ良かった」もあるはずです。その中で、行動しない後悔というのは、可能性が残されたまま過ぎ去ってしまったことですから、もしかしたら、やってみたら上手くいったかもしれないと思うのです。

可能性を過去に置き去りにしたまま時間だけが過ぎてしまったこと。そして、過ぎた時間は戻せないこと。更には、人というのはどこまでも都合良く考えがちです。

だからこそ、行動しない後悔は後に引くのです。

2013年東進ハイスクールの講師である林先生が「いつやるか。今でしょ！」と受験生に向けて発していた言葉が国民的流行をしています。その背景にはきっと、誰もが思い当たることがあるからです。過去にやらなくて後悔したことがあるのです。

だからこそ「いつやるか。今でしょ！」があれだけのブームとなったのでしょう。

私の身の回りに営業マンや自営業者は山ほどいます。バンバン売れる力をつけたい。そんな思いを持ちながら、毎日を過ごしています。変わらぬ方法で、昨日までの行動を延長させています。ただ、今までの行動で今まで以上の結果を出すことはできないのです。

そして、いつもの結果にマンネリしている人は「俺もあと5年若ければ、新しい手法にも挑戦するんだけど」といいます。

そんなことをいう人は、自分を正当化する言い訳を見つけただけなのです。

本当は5年前からこのままではマズイと言っていたのです。それにも関わらず一歩踏み出せずに躊躇している間に5年もの歳月が流れたのです。今行動しなければきっと後悔します。それは脅しではなく、多くの人が体験上知っていることです。

未来をつくるのは今日です。今をどう生きるか。やりたいことがない人が本書を開くことはないと思います。

何かやりたいことがあって、やらなければいけないことがあって、それなのに行動できない自分がいる。そうであれば、今日をきっかけに行動しましょう。

行動せずに将来後悔するのであれば、今やりましょう。

行動しなかったことを後悔することは多くある。
あのときに行動
していれば
行動したからといって上手くいく根拠は何もない。
それでも悔やむ。人の心。

16 行動した後悔を考える

多くの人が失敗を恐れ、手間を嫌い、行動することを避けています。

行動しなければ、失敗することもない、そんな考え方の人もいます。

ただ、気づいて欲しいのは、行動しないこと自体1つ失敗をしているのです。

大きな可能性に対して、不参加表明をするということは、不戦敗です。

土俵に上がらずして黒星がついた力士と同じことです。

行動をして後悔をするということは、基本的にはありません。

ただ、もっと上手なやり方があるのにできなかったとなると後悔がついてきます。

よく考えてみてください。過去の行動で後悔していることを具体的に。

きっと、いつもはできている「当たり前」ができずに失敗したことであったり、落ち着けば出てくる言葉が出てこなかったり、体調が万全でないがために結果が残せなかったりしたはずです。

「もっとできたはずなのに」と思うからこそ後悔するのです。

全く手も足も出ずに圧倒的に負けたのであれば、後悔よりもチャレンジしたことへの満足感でいっぱいになることさえあります。そう考えると、行動して後悔することの多くが準備不足や行動量不足から来ているものなのです。後悔の原因が解れば対策をとるのは簡単です。

中途半端に行動すると後悔するわけですから、どれだけ本気になれるかがポイントになります。

行動しないことの後悔と行動したことの後悔。双方を落ち着いて考えてみてください。

「あのときにやっていれば今頃は…」が多い人生では残念です。

そして、行動するからには後悔しない結果を出していくことも大切です。

途中上手く行かないことがあったとき、人は簡単に諦めてしまいます。

ただ、そこで諦めるのは早すぎます。

そして、行動を結果につなげる人の多くが、そんなところでは諦めません。

転ばない方法で進むよりも、転んだときに起き上れる力を持っていきましょう。

簡単に結果が出る話は世の中にあまりありません。簡単に出るのであれば、何にもしなくても出るのです。簡単にいかないことだからこそ、行動力が必要になるのです。

更に、ここでは突破力を意識して進みましょう。

目の前のレースがいつも平たんな１００メートル走とは限りません。

時には障害物レースもあるでしょう。中にはマラソンもあるでしょう。

障害が多く発生したり、長い距離に及ぶことがあっても、最後まで突破するという決意が必要です。

それさえ忘れずにいれば、必ずゴールは見えてきます。

営業活動を行っていると、無茶に飛び込んでみたり、強いトークで押し過ぎて引かれてしまったり、いわゆる「やってしまった」ことがあるはずです。

ただ、失敗も経験です。やり過ぎたことで加減を覚えれば、次はもっと上手くいきます。

ところが、やらずに失敗したことは、そうはいきません。

飛び込めばいいのに、飛び込めなかったこと。押せばいいのに押せずに、クロージングに至らず終わってしまったこと。これは何の学びにもなりません。

行動しなかったから、次に同じ場面がきたときは、行動すればいいといいますが、それが、上手くいかないのです。

行動した人が加減すればいいのに対して、行動しなかった人は行動を起こさなければなりません。ただ、残念ながら行動することができないのです。そして、いつも同じところで終わってしまうのです。そんな毎日から売上が急激に上昇することはありません。見込客に電話すればいいのにしないまま時間だけが過ぎ、掛けづらくなって「早めに電話一本しておけば良かった」というのは後悔です。

早々に見込客に電話して、例え断られたとしても後悔はありません。次の手を考える段階に進めただけ状況が進んだのです。

転んだことから何を得たか。

七転八起

次に転ばないために
どうしたらいいかを考えよう。

17 自分を認めよう

できる自分でいたい人ほど、できない自分を認めることができません。

だからこそ、どうしたらできるのかを一生懸命考えています。

そして、できない自分が腹立たしく、今の結果を求めます。

ただ、残念ながら考えただけで今すぐに結果が出ることはないのです。

そんな人ほど受け入れることをお勧めします。

何を受け入れるのかというと「できない自分」を受け入れるのです。

それは、諦めるということとは違います。できない自分に諦めてしまうと、明日への行動はありません。そうではなく、受け入れるのです。

できない自分を受け入れて「どうすればできるようになれるのか」を本気で考えてみてください。

今すぐにできる手段を探すのではなく、未来にできる自分になるために「今できることは何なのか」を考えるのです。

そうすれば、あの手この手、知恵が出て来ます。

ないものねだりで欲しがるのではなく、得るためにどうしたらいいのか考えるのです。

今まで行動できなかった理由を考えてみてください。

案外「今の自分には○○の理由でできない」と簡単に終わらせませんでしたか。

そこからもう一歩、どうしたら行動できるのか知恵を絞ってみましたか。

今できることを幾つも考え、粘り強くチャレンジすれば、今頃は過去に諦めた行動もできているのではないでしょうか。

できる自分は認めて褒めてあげる。

できない自分は認めたくないので、何かのせいや誰かのせいにしてしまう。

結果、できない自分のままでいることはありませんか。

できない自分を可愛がってあげましょう。

やりたいことがあるのに、できずにいるのです。どうしたらできるようになるのか親身に考えてあげましょう。誰でもない、あなた自身なのですから。

営業時にトークが散漫して、話が相手によってあっちこっちいくのであれば「話し下手だから」で終わらせてはいけません。

トークが苦手であれば、先輩の流れるようなトークを真似するのではなく、話しベタ用のトークに切り替えればいいのです。

質問力を磨いて、こちらは聞いているだけで自然と会話が流れる仕組みをつくればいいだけなのです。または、ツールを整えて資料に喋ってもらえばいいのです。そうすれば、あなたは資料を見せるだけで、会話が流れていきます。

　できない自分を認めてしまえば、打つ手はいくらでもあるのです。

　ただ、「できない」のか「やっていないだけ」なのかは実践から判断しなければいけません。多くの営業マンがやっていないままに、「できない」と判断している人が多すぎます。

　そんな人はどんな手法を提案しても同じです。

　簡単なことだけやりたくて、難易度が高くなると試すことすらしないのですから、結果が出るわけがありません。一度しっかりやってみて、「食わず嫌い」ならぬ「やらず嫌い」をなくしましょう。

　そうした上で、本当に苦手なのであれば、手段は山ほどあります。

　自分が行動しやすい方法を1つずつ試せばいいのです。すべては行動後に判断する。

　それが、判断ミスのない一番の方法です

未来の「できる自分」
“どうしたらできる 自分になれるのか“
今は「できない自分」
できない自分も受け入れることが大切。
その上でどうするかがもっと大切！

18　ゴールまでの距離を測らない

あなたが目指す目標までにまだまだ距離があったとします。

さて、あなたならどう思いますか。

「まだまだこんなに距離があるのか！　ゴールまで辿り着くのは無理かもしれない」

そう思うこともあるかもしれません。

例えば、マラソン大会に出場したときです。

それも、万全な準備で臨んだわけでもなく、そうかといって経験があるわけでもない。

それでも志を持って参加したとしましょう。

スタート地点から黙々と走り進むあなた。もう随分走った頃「そろそろ半分は進んだだろう」と思っていました。そこで、ふとしたときに見えた看板に「ゴールまで残り30キロ」と書かれていました。いかがですか。

今まで走ってきた道のりを後3倍走らなければならないと思うと、嫌になりませんか。

行動力において、現状分析はとても大切な作業です。ところが、場合によってゴールまでの距離を測らないほうがよいときもあるのです。仮に距離を測るなら、ゴールまでの距離ではなくスタートからの距離を測りましょう。スタートからどれくらい進んで来たのか。

ゴールを目指して今までやってきたことは何なのか。

スタートからの距離は、そのまま「やってきたこと」の道のりでもあります。

努力したことを振り返り、それを無駄にしたくないという思い。

やって来たことを振り返り、行動した自分に対しての自信や誇り。

どちらかを見るのであれば、進んできた道のりを見ることで、力が漲ることもあります。

ゴールまでの果てしない距離を測り脱力感に襲われるよりは、進んできた距離を測り握りこぶしを突き上げ更に前に進みましょう。

また、マラソンや登山であればゴールまでの距離は確実です。急に残りの距離が縮まることはありません。それは、数字は進んだ分しか減らないからです。

ただ、多くの行動は数字で測るものばかりではありません。

営業マンであれば売上実績を考えてみると、訪問件数だけで予測することはできません。

すべてがイチ動いたからイチ進むものではないからです。

だからこそ、いつ条件が整うかもわからない目標までの距離を測るというのは難しいものです。

ただ、手応えとしてわかるのは「まだ現状からでは距離がある」ということくらいです。

測って測れない距離だけを見つめ、できていないことばかりが目につくのであれば、時として自信を失って当然なこともあると思います。

他人ができて、自分ができていないのであれば、向いていないと思っても仕方ないこともあるかもしれません。そうであれば、やってきたことをしっかり振り返ってみましょう。諦めた時点で今までやってきたことがすべて０に戻るのです。

志を持っていながら、結果が出ない自分に負けそうになるのであればそこが踏ん張りどころです。

結果が出ていないのであれば、結果が出る方法を探してみましょう。

ゴールまでの距離ばかりを見つめため息をつく暇があるのであれば、今できることをしっかり実践しましょう。そうして何か風向きが変わったとき、一気に加速することはよくあることです。

あんなに遠くに見えていたゴールが目の前に現れることもよくあることです。だからこそ、行動なのです。

今日できる行動を日々起こしていく。それだけであなたができる今日の過ごし方があるはずです。

ゴールまでの距離は知らないほうが良いときもある。

19 無責任に楽観視する

根拠はあるかと問われれば「ない」と答えます。

それでも、実践あるのみです。行動あるのみです。

その代わり自分の成功を信じて疑わないのです。

そんな人が過去に大きな結果を生み出して来ました。

すべての成功者が根拠を持っていたわけではありません。

ただ、行動するにつれ手応えが付いてきたのです。

いつも不安でお試し期間のように行動する人が大きな結果を掴むことはありません。

根拠なんかなくても、理屈を言葉で表せなくても行動で結果を叩き出す。

それは、もしかしたら何よりも正しいかもしれません。

人は行動することでしか、結果を掴めないからです。

怖がって一歩も踏み出せない人。根拠となるデータが出るまで本腰が入らない人。誰かに何かを尋ねられたときに、言い訳交じりの説明をする人。そんな人が結果を出すことはありません。

「自分の言葉には責任を持て」と、小学校の先生が怒鳴っていたのを思い出します。

「嘘をつくな」「適当なことを言うな」等の言葉は、一人前の大人に育てるために必要な教育です。

ただ、物事はすべてがそうとは限りません。

行動するにあたっては「無責任」と言われようが、「思いつき」と言われようが、「慎重に考えろ」と言われようが、人より先に、人より多く行動したほうがよいときもあります。

元々、根拠というのは未来のゴールに向けて使う言葉でもないような気さえします。

根拠は後からついてくる。それくらいの気持ちで晴れやかに進んだほうが気持ち良いのではないでしょうか。

ライト兄弟は空を飛ぶ根拠があったのでしょうか。

エジソンは多くの発明と発見をする根拠があったのでしょうか。

王選手の一本足打法には根拠があったのでしょうか。

答えはNOかもしれません。

ただ、何度も何度もトライする中で、ある種の手応えを感じたはずなのです。

だからこそ、継続し続け、行動し続け、大成功を収めていると思います。

偉大なる、賢人・偉人と自分を比べるにはギャップがあって当然ですが、すべてにおいて楽観視は行動力の源のなることは確かです。

考えて、考えて、考え過ぎて、今日もまた行動できない人が成功まで辿り着くことはありません。

行動なくして結果を掴むことがないことは断言します。

時折、何もせずしてラッキーパンチが当たることがあるかもしれません。ただ、それはラッキーなのです。当てたいときに当てることはできません。幸運が見方をして、いつのまにか当たってしまうのです。

あなたは、次にいつ当たるわからないラッキーを待ち続けたいですか。

それとも、自分自身の行動力を活かし、パンチを当てにいきますか。

いつでも考え方はシンプルなほうがよいのです。

行動するか、しないか。

その上で、行動できない理由が考え過ぎにあるのであれば、ここは無責任になりましょう。

楽観主義者でもよいではありませんか。考え方1つで行動できる自分になるのであれば、動ける考え方を身に付けましょう。

そして、行動を始めたなら、時として慎重に、また時として着実に進んでいけばよいのです。

このメンバーで鬼を倒す！
大丈夫。大丈夫。・・・（たぶん）

20　深刻に怯えてみる

それでも行動できないときは、一変して深刻に考えてみるのも1つです。

それもただ何となく考えるだけではなく、怯えるくらい深刻になってみてください。

「できなかったらどうしよう」と考えに考えてみるのです。

場合によっては部屋の中でひとりになり、電気も消してカーテンを閉めて3分程閉じこもってみるのです。誰にも邪魔されず、ひとりで深刻になってみる。心配しなくても、そう長くは続きません。

ただ、深刻なまま終わっては意味がありません。

決めた時間閉じこもった後はカーテンを開けて差し込む光を浴び次の手を考えるのです。

怯える程深刻な状態にならないために、できることは何なのか。

時として不安から逃げ出す力は大きなエネルギーを生みます。

逃げ出すというと後ろ向きな表現に見えますが、「深刻に怯える状態」から逃げ出すということは、行動を意味します。そして行動のベクトルが結果として前に進んでいるのであればよいのです。

失敗する自分が怖いから、失敗しないためにも行動する。

挫折する自分は嫌だから、挫折しないためにも行動する。

人は誰でも幸福な未来を手に入れたいと望むものです。そして、思い描く幸福な未来を実現するためには、このままではいけないことも薄々感じているものです。何の努力もせずに日常通りの毎日を送り、大きな負担なく大きな結果を得たい。

そんな都合の良い話はありません。

受験勉強にしても、一生懸命勉強し苦手な問題に繰り返し挑戦するからこそ、希望する進路へ進めるのです。そんなパワーの源が、時として恐怖なのです。

「このくらいの努力で大丈夫なのだろうか」「他の人はもっとやっていて、差を開けられているのではないか」深刻に考えるからこそ反発力が生まれます。

「そんな未来は御免だ」と今やるべきことに集中しましょう。毎日深刻に考えていると心が持ちません。

行動が滞り、このままだとヤバいと思えたときに、時々そういったチャンネルを持つこともありだということです。

もしもこのまま何もしなければ・・・
たぶん来年の今頃も変わらず・・・
同じように・・・
何の成長もなく・・・
そして気が付けば・・・
ヤバイ
ヤバイ
・・・行動しよう。

時には臆病な考えが背中をおす。

21 原点に回帰する

行動とは負荷との戦いであるといえます。

何かを実践しようとしたとき、すべて順調に進むことはありません。そこには、何かしら苦労もあれば、難題にぶつかることもあります。諦めたくなるときも投げ出したくなるときもあります。

そんなときは原点に戻ってみることをお勧めします。

「そもそも、それを目指したきっかけは何だったのか」

もしかしたら、自分でも忘れかけていることがありませんか。

何か行動を起こすとき、必ずきっかけがあります。

トップセールスに憧れたきっかけ。起業を志したきっかけ。プロジェクトを立ち上げたきっかけ。いかがですか。思い出して来ましたか。

それは、いつも意識しているきっかけではなく、よくよく考えてみるともっともっと原点となるエピソードがありませんか。あなたがその目的を掲げた原点です。

植物でも種があるから、芽が出ます。そして、そこから光や水や栄養が送られることで大きく成長していくのです。

同じように、あなたが目指したゴールの種を思い起こしてみませんか。

もしも思い出せないのであれば自分自身と対話してみましょう。

方法は簡単です。質問を繰り返し自分自身に問いかけてみるのです。

「どうしてそれじゃないといけないのか」

「どうして今じゃないといけないのか」

「どうして行動できない自分がいるのか」

「達成したら何がしたいのか」

「どうしてそれを目指しているのか」

具体的な質問内容は個々によって違います。向き合うべき方向によって適切な質問を繰り返せばいいのです。

「迷ったら初心に返れ」とはよくいわれることです。

そうすると振り返っているうちに、絶対に譲れない思いがふつふつと湧いてきたりもします。

そこでエピソードが生まれてきたのであれば、それは誰かに話してみるべきです。

それも、同じ目標を共有したい相手や、気持ちが揺らぎそうになったときに背中を押して欲しい相手と共有すべきです。原点を見つめ直す。

未来ばかりを見るのではなく、過去を振り返ることも時には有意義なものです。

営業で初契約を上げたときの気持ち。

初めてお客さんから感謝されたときの喜び。

契約が続いているときの充実感。

とても充実した日があったはずです。

電話をするにしても、手紙を書くにしても、訪問をするにしても、結局は自分次第なのです。

行動力の多くは本人の気持ちに左右されるのです。営業マンのスランプがどんなときに起きるかご存知ですか。慣れた頃に起きるのです。

自分の営業トークにも慣れ、お客さんの対応にも慣れた頃に営業が決まらなくなることがあります。これは新人という意味ではありません。熟練した営業マンでも同じことです。

鮮度がなくなると結果が出なくなるのです。

熟練の営業マンが新人営業マンに営業指導を始めているうちに、基本に立ち返り、自分自身の成績が上がることがあります。

それは、知らず知らずのうちにずれていたことに気づいたり、新人が当たり前のことを質問して来たことで、当たり前でない違う発想に気づかされたりするからです。

更には初心に返るきっかけも見逃せません。

原因不明の低迷期に入っている営業マンは、技術よりも気持ちの整理かもしれません。

営業マンデビューして初契約をあげた日のことを覚えていますか。売上の大きい小さいにかかわらず、溢れるよろこびがあったはずです。

きっと契約時の様子や、雰囲気、手際が悪くまごついたこと等、すべてが鮮明に浮かんでくるはずです。あなたの原点である、初契約の喜びや、そのときに抱いた将来の目標は、もしかしたら今よりも高い位置にあるのかもしれません。あらためて比べてみる必要があります。

営業マンとして未熟なときに、なぜ売上が上がったのか。そのときよりも、知識も経験も向上したあなたが、なぜ飛躍仕切れずにいるのか。

もしかしたら、知識も経験もないときの自分のほうが怖いもの知らずの行動力があったのかもしれません。手を抜くことも知らずに、リストを飛ばさず、すべてに全力だったのかもしれません。

そうであれば、知識も経験もついた今、当時と同じレベルで純粋に行動してみることで現状を突破できることも考えられます。ときには、原点に立ち返ってみるのも大切なことです。

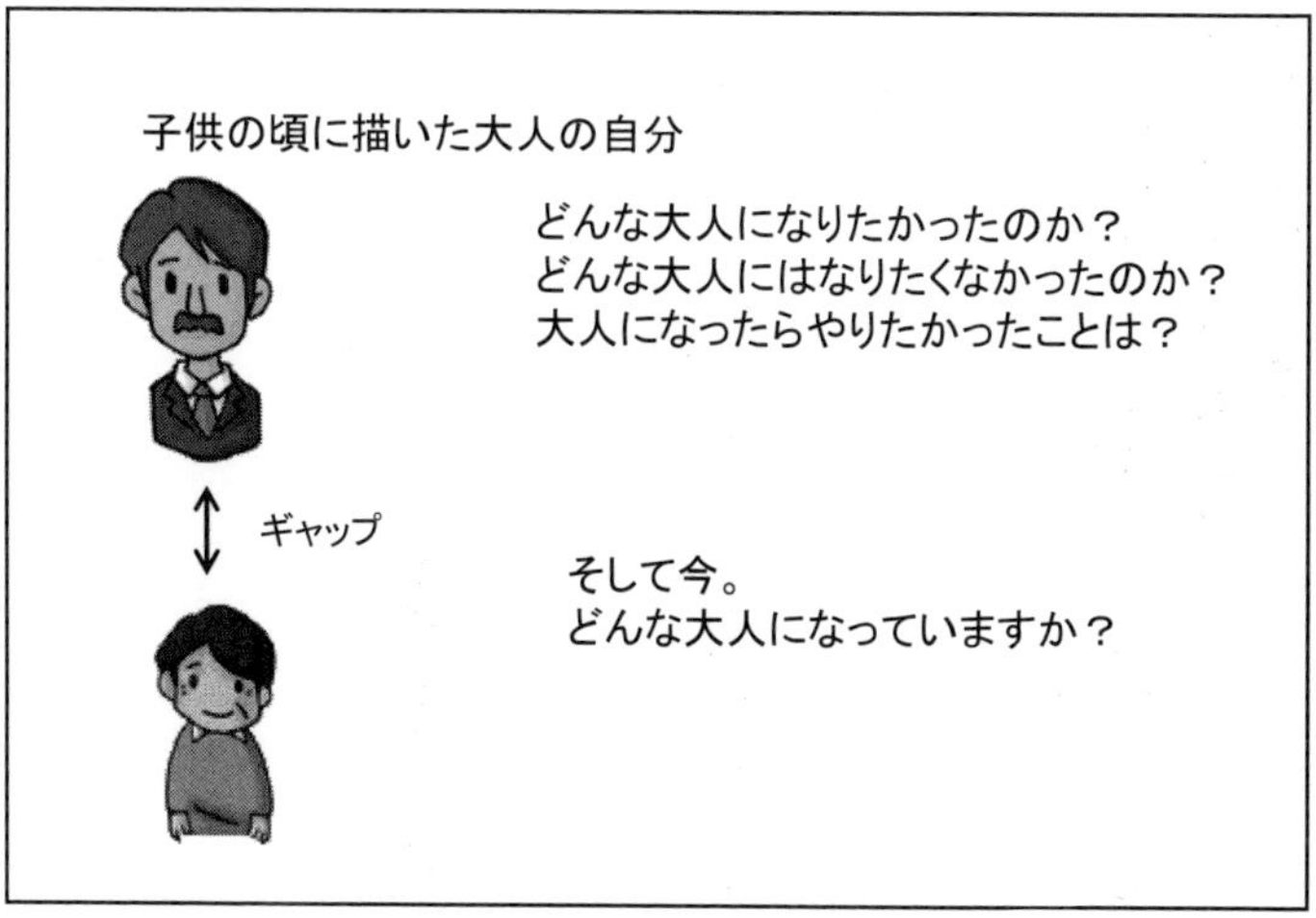
子供の頃に描いた大人の自分
どんな大人になりたかったのか？
どんな大人にはなりたくなかったのか？
大人になったらやりたかったことは？
ギャップ
そして今。
どんな大人になっていますか？

22　何のために誰のために行動するのか

行動において最も身体がスムーズに動くのは明確な理由を持っているときです。

何かを購入するときに「何のために購入するのか」理由を持っていれば、高くても何とか購入しようと工夫します。

理由があるから数千万円するマイホームを購入するのです。

一方、理由がなければ１００円のものだって購入しません。

どこかに出かけるときも「何のために出かけるのか」、理由をがあれば、忙しくても時間をやりくりして出かけようとするものです。

理由があれば仕事を休んででも何とか行動可能な日程を確保するのです。

一方、理由がなければどんなに暇な1日でもそこに出向くことはありません。

そう考えると、自分の身体を動かす推進力になるのが「理由づけ」です。

やはり思いつきの行動には限界があります。気が変わればやめてしまいますし、難しければ諦めてしまいます。そうであれば、何のために行動するのかを一番理解しなければならないのは自分自身です。そして、その理由が「自分自身のため」であれば諦めるのは簡単です。

自分が夢を諦めればよいだけで、他の誰にも迷惑を掛けることはないのですから。

オリンピックで金メダリストがインタビューを受けたとき、インタビューの質問に対し出てくる答えは自分のことより先に他人のことです。

「熱心に指導して下さった監督・コーチ、そしていつも支えてくれる家族や友人、最後に応援していただいた皆様のおかげで金メダルを取ることができました。本当に感謝の気持ちでいっぱいです」

会見ではこんな言葉が溢れています。

きっと、何かを成し遂げようとしたとき、人並以上の練習にくじけそうになったり、結果が出ない日々が続くと投げ出しそうになったり、弱い自分が出てくることがあるはずです。

そしてそんなときに、支えてくれる自分以外の存在がいるからやり続けてこれたはずです。

何のために行動するのか。その答えは自分ではなく他人です。

「自分がお金儲けをしたいから」では「お金儲けしなくても、地道にコツコツ平均点でいいや」と思った時点でトップに立つ夢は終わってしまいます。

志に他人が関与していなければ、続けようが止めようが誰にも影響がないのです。

だからこそ「お金を稼いで何をしたいのか」というとき、この答えが大切なのです。

家族に対しての想い、両親に対しての想い、大切な人に対しての想い、そんな想いを形にするのが自分の役割だと強く想うことが重要です。是非、一度まとめてみてください。

あなたが目指す行動の先には「何のために」「誰のために」がありますか。そして、その理由は簡単に譲れないものを見つけることをお勧めします。強い行動力を持つためには、強い想いが必要です。その思いが強ければ強いほど、諦められなくなります。

時として、思いは「思い込み」でも構いません。自分が行動する理由を強く思い込むのです。

上手くいかなかったときに溢れる涙が止まらなくなるくらい強い思いを持つ人は、気持ちがぶれません。

簡単に諦められるくらいの行動なのか。それとも諦めても諦められないくらいの行動なのか。それは、上手くいかないことが続いたときに自分自身で気が付きます。

もしも簡単に諦めてしまいそうな自分がいるのであれば、危険信号です。今後、何かをしようとしたときも諦め癖がついてしまうと負け癖がついてしまいます。

そして、諦めることに慣れてしまうのが、何よりも怖いことです。諦めることは負荷から解放されることですので、その瞬間から気持ちが楽になります。それは同時に1つのゴールを失うという事実を忘れてはいけません。

大切なのは自己実現できる自分になることなのです。

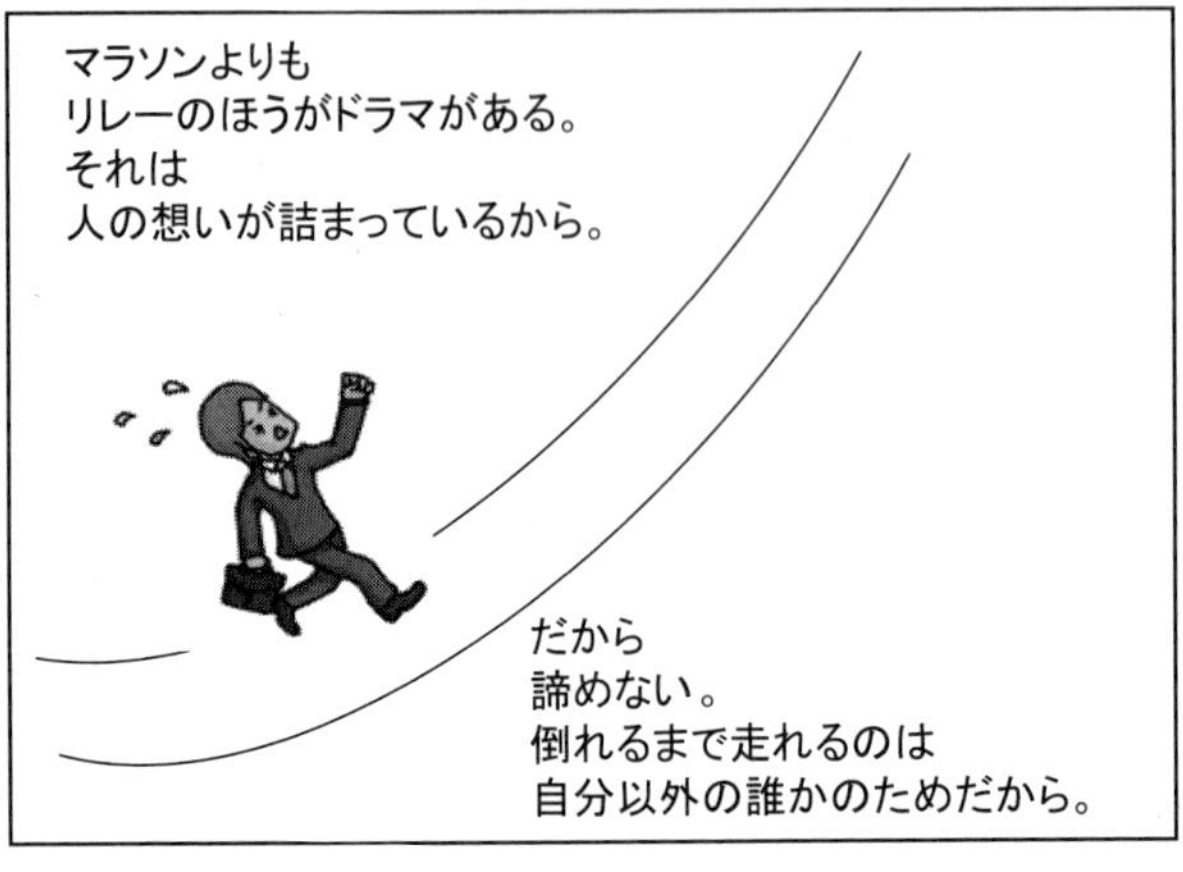
マラソンよりも
リレーのほうがドラマがある。
それは
人の想いが詰まっているから。
だから
諦めない。
倒れるまで走れるのは
自分以外の誰かのためだから。

23　すぐにご褒美を与えない

結果を出せない人は自分を甘やかすことが多くあります。

自分を尊重するのと、自分を認めるのと、自分を大切にするのと、自分を甘やかすのとはそれぞれ違うことを知っておかなければいけません。自分に甘い人は、すぐに頑張った自分にご褒美を与えようとします。それも結果も出ていないうちからです。

目標までにスモールゴールを持ち、そこに達成する度に小さなご褒美を与えることは悪いことではありません。ただ、何の設定もなく思い付きでご褒美を上げるのは行動力の妨げになります。

行動に対するご褒美は、簡単には与えないほうがエネルギーが持続します。

他人に対してもそうですが、一番かわいい自分に対しては他人以上に厳しくいないと知らぬ間に甘やかしてしまうものです。

「頑張った自分に缶ビール１本追加」

これを行うと、いつの間にかハングリーな心がなくなります。

なんとなく満たされた毎日の中で、風当たりのキツイ行動や、すぐに結果の出ない行動は嫌になるものです。人はできれば楽をして暮らしたいと思うものです。

上に登りたいのであれば、登りのエスカレーターに乗りたいのです。ただ、人生は階段状に登るしかありません。

特に何かを始めたときというのは、追い風が吹く要素も、仲間が支援してくれる要素も少ないものです。だからこそ、一歩ずつ上がる階段なのです。そうしたときに、10段ずつにベンチが用意されていたら、人は腰かけてしまいます。

自動販売機が設置されていれば、コーヒーでも飲んで長く座り込んでしまいます。

展望台が設置されていれば、そこをゴールに変更し、上がるのを止めてしまいます。

もちろんホッとする時間は必要です。休憩する時間も必要です。モチベーションを上げるために、ご褒美があっても良いと思います。ただ、それが日常的になってしまっては進み続ける力は生まれません。あなたが本気で目標を達成したいのであれば、小さなご褒美を控えることです。

その分、ハードな目標を達成した際には思いっきり可愛がってあげればよいのです。

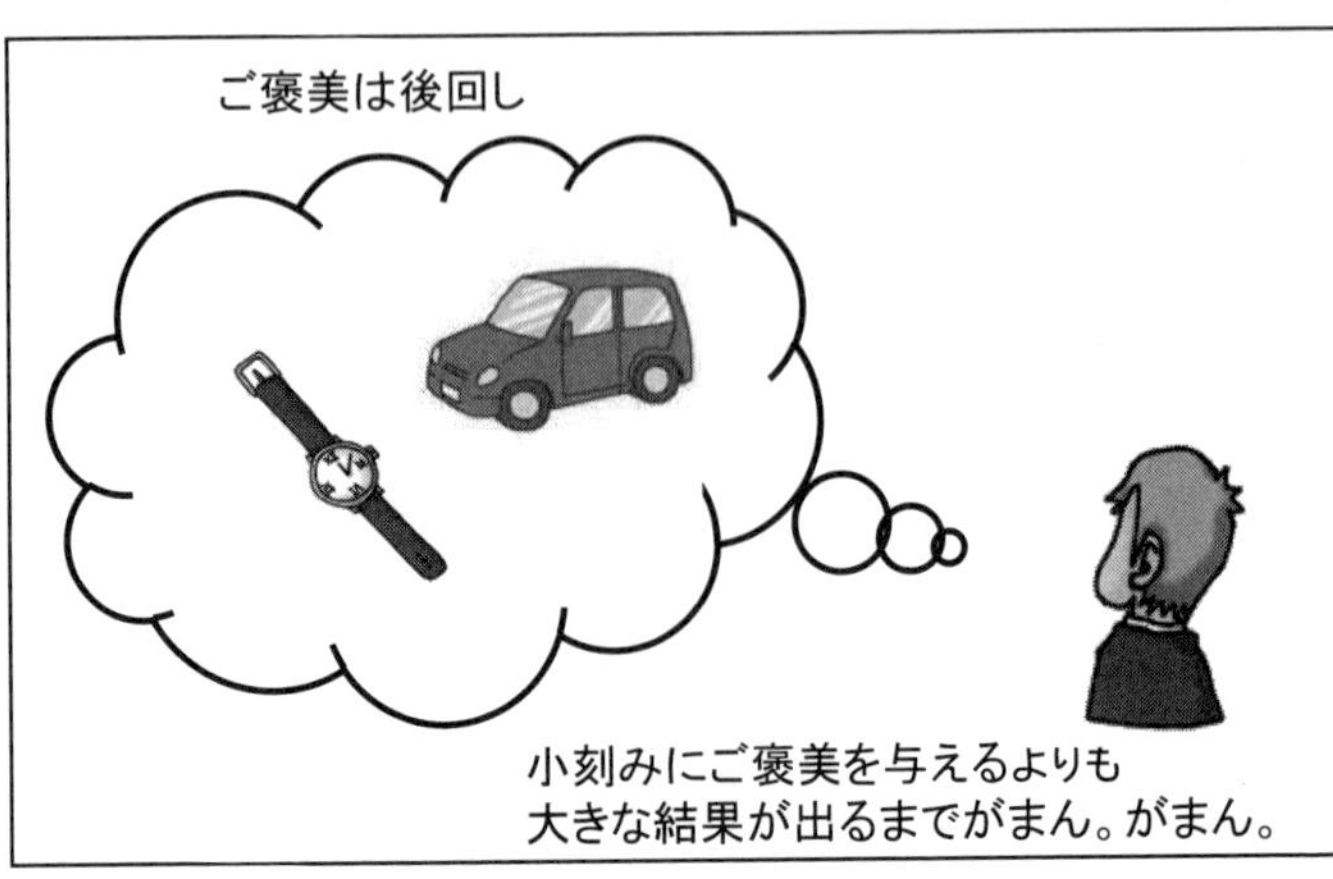
ご褒美は後回し
小刻みにご褒美を与えるよりも
大きな結果が出るまでがまん。がまん。

24 夢と目標を区別する

何か未来を描いたときに、「夢」と「目標」を区別できない人がいます。

「世界一周旅行がしたい」

「有名人になりたい」

「お金持ちになりたい」

なんとなく七夕の短冊に書かれていそうな表現ですが、これは夢でしょうか、目標でしょうか。

基本的には「○○したい」「○○なりたい」のような言葉は夢であることがほとんどです。

そして、この言葉には「いつか○○したい」「いつか○○なりたい」というように、期日が設定されていないことが多くあります。夢は抽象的なもので言いっ放しにできます。プロ野球選手になりたいという夢を叶えることができなくても、社会人野球をしながら一流企業に勤め、幸せな家庭を築いているのであれば、充実した人生かもしれません。

ただ、目標は具体的なものです。いつまでにどういった手段で達成するのかを具体的に持っています。プロ野球選手になりたい目標を持った人が社会人野球をしているのであれば、どうすればスカウトの目に止まるのか。各球団のトライアウトはいつ開催されるのか、独立リーグや他チーム移籍など多くの方法の中で、どの手段を選択するのか、すべて具体化が必要です。

夢も目標も未来に設定されているものです。そして、どちらも「そうなりたい感情」は同じです。

だからこそ、あなたが描く未来像が「夢」なのか「目標」なのかを一度整理し、区別しましょう。

人は達成したい未来をいくつも持っていて当然です。

ただ、そのすべてを本気で追いかけることはできません。

だからこそ、本気で目指すものを「目標」と位置づけ、将来的にタイミングが来たら叶えたいくらいの思いを「夢」と位置づけましょう。

そうしないと、「営業で社長賞を取る」という夢と「今月○本契約を取る」という目的がごちゃまぜになり、先延ばししても妥協しても諦めても悔しさすら感じなくなってしまいます。

まずは将来手に入れたい未来をとにかく書き出してみましょう。

「ハワイに行く」

「高級車を買う」

「国家資格をとる」

「独立開業する」

「新宿に本社を移転する」

思いつく限り書きたい放題書いてみればいいのです。そして出し切った後に、仕分けすればよいのです。夢と目標どちらに振り分けるか。夢に分けたほうはいつかそれが実現できるように意識しておくことです。

目標に分けたほうは「いつか」ではいつ達成できるかわかりません。必ず期日を付けましょう。

目標と期日が定まれば方法が具体化されます。

更に自分の中から出てきた夢と目標をしっかり区別することで、現実と向き合うことができます。

夢は多く持っていたほうが人生を楽しく送ることができます。目標ももちろんそうですが、本気で行動していく目標はそう多くないほうが集中できます。

既にまとめているように、１つの目標（ゴール）にはいくつかのスモールゴールを設定する必要があります。もしも目標が多くあるのであれば、優先順位を付けて早速今日から取り組めるものから、行動していきましょう。よく「引き寄せる」という表現があります。

確かに引き寄せは大切ですが、その場からじっと動かずに引き寄せるのではなく、行動して自ら向かっていくからこそ目標に近づけるのです。

目標には道のりがある。
夢はその先に見えているだけ。
道がなければ辿り着くことはない。
夢
目標

【夢】

- □　一等地に本社を移転したい（例）
- □
- □
- □
- □
- □
- □

【行動】

- □ トップセールスマンになる（例）
- □
- □
- □
- □
- □
- □

25 大切な人に誓う

宣言効果を更に上回る力を持つものが「誓う」ことです。

宣言とは、発信者ひとりに対し聞き手は複数人。何人いても構いません。宣言する相手は多ければ多い程に効果を得ることができます。

一方、誓うのは一対一のほうが向いています。「皆さんに誓います」という言葉もありますが、これはどちらかというと誓うことを宣言しているのです。

本当に一対一でゆっくり未来を語り、その行動を誓うのです。握手できる手も指切りできる手も一度にひとりにしかできません。

誓うことで生まれる強力なコミットメントを推進力に変える。

これは、行動力のある人なら誰もが使っている手段の1つです。

弱い自分が出てきたときに、その向かい風に負けない推進力を如何にして持つかが勝ち組に入れるかどうかの分岐点です。

例えば、自転車に乗って走っていくシーンを思い描いてください。

下り坂なら労少なく前に進むことができます。

これが勢いのある状態を指します。

気を付けなければいけないのは、推進力よりもバランス力です。

勢いがあるからこそ、イケイケでは転倒することもあります。路面の状態や周囲の状況を見極め、時にはブレーキも有効に使い目的地に進んでいくことが重要となるのです。

一方、水平な道のときはどうでしょうか。

自転車を前に進めるためには、ペダルを踏み込む必要があります。

そして、更に上り坂も待ち構えています。

目標達成で表現するのであれば、目標は常に上り坂の先にあります。

間違っても下り坂の先にはありません。

想像してみてもよくわかるはずです。上り坂を自転車で進むとなると、強い推進力が必要です。体は前のめり、しっかりとした覚悟を持って踏み出していかなければ自転車は止まってしまいます。

そして、坂道の途中で仮に休憩を取ったならどうなるでしょうか。

そこから、また踏み込むにはスタート時以上に強い力が必要となります。

だから、多くの人が自転車で上るのを諦めてしまうのです。

上り坂で負荷のかかるペダルを踏み続けながら、途中降りてしまおうかと心が揺らいだとき、ゴールまでの達成を誓った人がいるのであれば、簡単に諦めることはできません。

更にその相手が大切な人であれば、なおさらです。

あなたの大切な人に誓う。これが弱い自分を正してくれるエネルギーになるのです。

営業の現場は、自分だけでなく相手があることです。

お客さんがあって、営業マンがあるのです。

こちらが働きかけていても、相手が断りを選択すれば商談は終わってしまうのです。ただ、商談をどこで終わらせるのか。再訪問はいつかなど、すべての判断は自分自身です。

そんなとき、原動力は1つよりも複数あったほうがいいのです。その原動力が「誰かのために」という気持ちなのです。

営業マンが成績を上げるためには、結果を出すしかありません。結果を出そうと思えば、難しい商談を突破する必要があります。馬の合わない相手からも印鑑をもらう必要があります。次回訪問が難しい相手にも、あらゆる手段を講じる必要があります。そこまでするには、自分自身のためだけではなく、大切な人との約束も時として強い行動力になります。

早速、誓ってみませんか。そうすることで、土壇場で力が漲り、諦めきれない自分に変わることに気づくのです。

「必ずやり遂げるから」と
交わしたぬくもりは
思いのほか持続する。

26　報連相を癖づける

報連相《ホウレンソウ》とは、ご存知のとおり、ビジネス造語です。

「報」は報告、「連」は連絡、「相」は相談のことです。この3つの頭文字を取ってできた言葉ですが、ビジネスの世界では常識ワードとなっています。

この報連相、好きという人は多くはありません。

例えば、営業マンであれば、1日外に出て営業活動を行っています。そうなると、会社から出て行った営業マンが戻ってくるまでの間、何をしているのかわかりません。その行動を管理者がいつも同行することはできません。

だからこそ、現場と管理者との温度差・認識差をできるだけつくらないために必要な行動となります。

次に、報連相の捉え方を紹介します。

まず報連相は誰のために行うのか。間違いなく自分のためです。ここが基本となりますので、ズレのないように読み進めてください。

上司のために報連相をすると思っている人は、行動が滞ります。

1日営業したにも関わらず成果が出なかったとします。

さて、上司への報告はどうしましょうか。

結果が出ていれば報告もしやすいですが、これでは報告の仕様がありません。そうかといって、「今日は0でした」なんて収穫のない報告は気が重いのもよくわかります。

ここで結果の出ていない営業マンが共通して間違っているのが、報告のための報告を考えるのです。

「今日1日の行動をどう報告しようかな」と考え、極力自分に非がないストーリーを見つけるのです。

ただ、残念ながら報告のための報告からは何も生まれません。

そして、報告のルールとして意識しないといけないのは、良かったときの報告はほどほどでも構わない。結果が出なかったときの報告、何も報告することがないときの報告ほど欠かさず行うということです。

これを逆に捉えている人がとても多くいますので、もしかしたらあなたもそうかもしれません。

さて、なぜ良かったときの報告はほどほどでも構わないのでしょうか。

まず良かったときの報告は、上司からみると褒めるチャンスなのです。

「よくやった」と気持ちよく認めてあげて、モチベーションを高めてあげることくらいが仕事となります。

一方、結果が出なかったときの報告は、そうはいきません。敗因分析が必要となるからです。

結果が出なかったのは何が原因だったのか。報告者本人は分析できていないことがほとんどです。場合によっては「次、がんばります」と何の対策も持たず、気持ちだけで乗り切ろうとする人もいます。これでは成長できません。

売れない営業マンであれば、もしも明日の営業先で同じ状況に陥ったとき、きっと同じ結果となるでしょう。

だからこそ、同じ失敗を繰り返さないために、結果が出ないときほど報告すべきなのです。

そして、上司から知恵やアイデアをもらうのです。

自分の中にはない発想や、自分の間違いを正してくれる気づきをもらえる絶好のチャンスなのです。結果が出ないからこそ「どうすればその状況で結果を出すことができたのか」を考えるチャンスなのです。

これは、あなたが部下を持つ立場であれば大きく頷けるのではないでしょうか。

部下が報連相してくるタイミングは、圧倒的に自分勝手なタイミングです。

いつもは報連相してこない部下が何かを持ってきたときは、話材があるのです。

有力な顧客を得ていたり、または大きな失敗をしていたりすることもあると思います。

何もない当たり前の1日を報連相する社員が少ない事実、そして、できる社員ほど当たり前の一日を大切にしている事実、これらの行動の差に大きな結果の違いが出ているのです。

いつも報連相を行うから、上司から本当に有効なタイミングでアドバイスを貰えます。

何でもない毎日を報連相しているから、上司は手に取るようにわかるのです。

あなたの営業活動にあわせて適材適所ベストなアドバイスをもらうことができます。

一方、何か調子のいいときにしか報連相してこない部下には上司としてもアドバイスの送りようがありません。

さて、あなたはどちらを選びますか。

報連相1つで上司の行動力を自分のものにできるのです。

特に、原因不明の不調に陥っていたり、同じ断りを重複して受けていたいのであれば、早急に対策が必要です。

営業マンの多くが
報告のための報告を考える事実。
報告のための報告からは
何も生まれないのも事実。
今日の案件を
どう報告しようか？
答えは「ありのまま」を報告することが一番。

27 逆算カレンダーをつくる

スモールゴールを確実に達成していけば必ずビッグゴールを得ることができます。これは、当然の理屈ですが、弱点もあります。それは、1つが未達に終わると、すべてのゴールが遠ざかることです。

そうならないために期日から逆算することを癖づける必要があります。

1か月後の目標に対して、やるべきことがあったとき、初動が遅れることで知らず知らずのうちに大きな損失を被ってしまいます。

人は不思議と、多くを持っているときはその価値に気づかず、少なくなってきて初めて大切さを知ることがあります。

ここでいうなら、目標までの期日、時間を指します。

そうならないために簡単な手法が、数字を増やしていく加算型でなく、減らしていく減算型です。

目に見えて数字が減りゆく様子を認識するために、逆算カレンダーをつくりましょう。

今文具売り場に行くと、手帳に挟み込むタイプのダイアリーシートを購入できます。

いつからでもスタートできるように日付も曜日も入っていない枠線だけのものが売っていますの

で見つけてみましょう。

本来であれば、そこの空欄には1日から月末までの日付を入れていくのですが、今回つくるのは逆算カレンダーですので、例えば30日後の目標があるのであれば、30日、29日、28日と1日経つごとに1日減っていくように記入していきましょう。

こうすれば、わずかな時間でも逆算カレンダーができあがります。

時間がある方は日めくり式のカレンダーをつくり、数字を毎日減らしていくなり、小さなホワイトボードを購入し、目標と残り日数を書き減らしていってもよいです。

あなたが期日を意識しやすい形を使い、毎日数字が見えるようにすればよいのです。

そして、1日ずつ減っていく様子をみて、残り何日までに何をしておかなければならないかを設定しましょう。

たったそれだけのことです。

ただ、たったそれだけのことを実践する人は非常に少ないのが不思議なことです。

「理屈はわかった」「期日を意識すればいいんだろう」というのであれば、カレンダーまでつくらなくても毎日意識して過ごすから、という人も多くいます。

素直にカレンダーをつくり、毎日継続する人もいます。

さて、どちらが結果を出す人でしょうか。

それは間違いなくカレンダーをつくり、毎日を過ごした人です。

実は、この行動を起こす人が成功するというのは、カレンダーをつくるから成功するわけではありません。良いと思ったことを実践する行動力を兼ね備えた人だということなのです。

そして、そんな人が期日を意識し、毎日を過ごしたのです。

そうなると、結果が出ないわけがありません。勝負は始まる前からついたも同然なのです。

あなたも心当たりがありませんか。売上目標に対し、初めは意欲に溢れていたはずが、日を追うごとにゴールが遠ざかり、いつのまにか最低限の目標を自分勝手に再設定してしまうことがあります。

これは、完全に負けパターンです。

そうなる多くの原因が、初動の遅さにあります。

行動の初期段階において、どれだけの行動ができるかを意識し、早いうちにひとまずの結果を出すのです。

先手を得るスタイルはあなたの意識次第なのです。

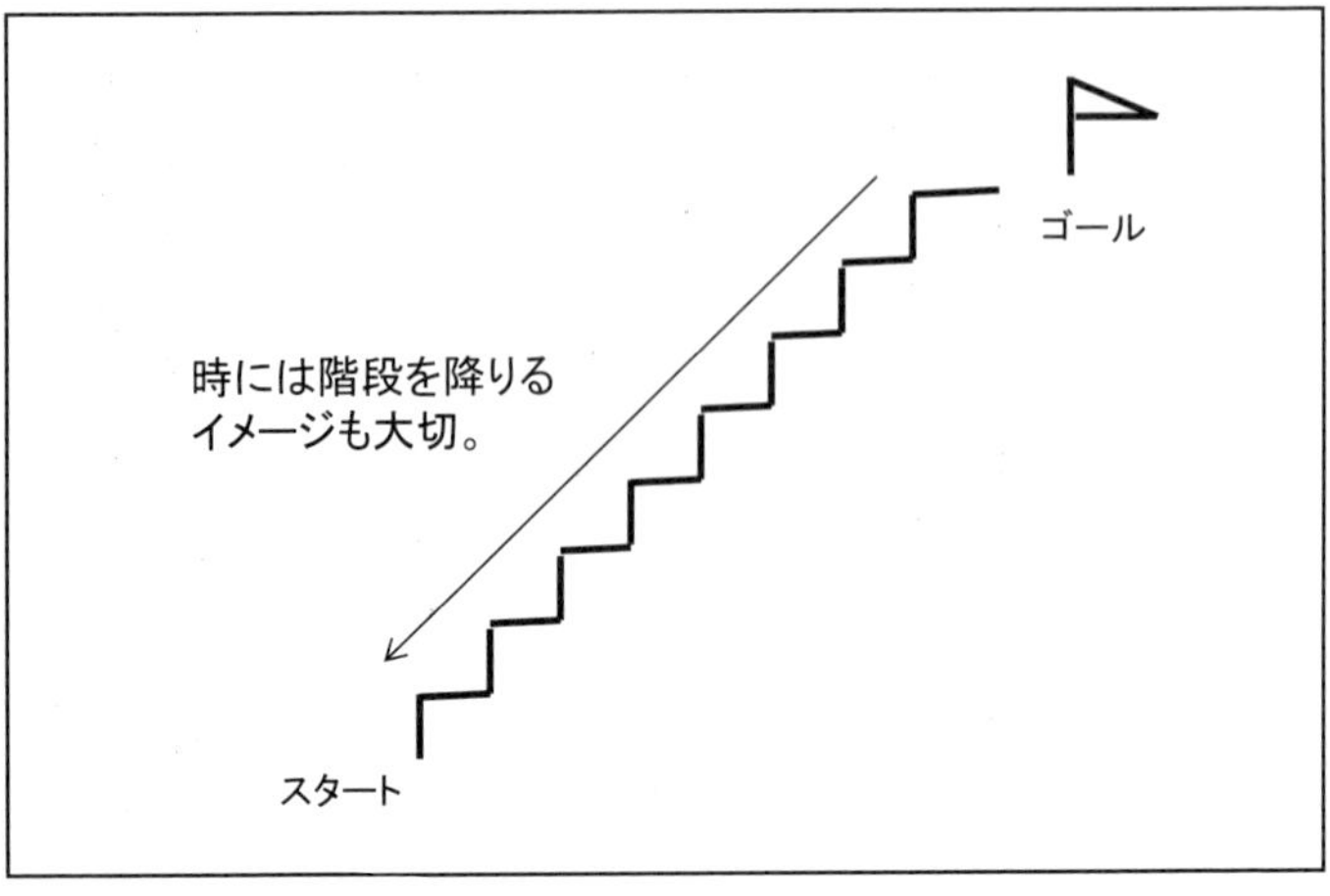
ゴール
時には階段を降りる
イメージも大切。
スタート

28 経験者のアドバイスを素直に聞こう

「登ったことがない山に最速で登るためには、どうしたらいいでしょうか」というのは、よく聞く質問です。

そして、その答えはとてもシンプルです。

「経験者に最速で登る方法を聞く」

経験者のアドバイスを素直に聞き入れることはとても大切です。自分に合わないと思える方法でも、負担が大きいと思える方法でも、試す前からなかったことにするのは勿体ないことです。

まずは聞くこと。そして、聞いた以上は実践すること。

人が成功した方法と、自分が成功できる方法は時として違います。それでも、一度実践することで、上手くいかないにしても自分なりの手法に転用することもできます。行動の中に、ヒントが隠されているかもしれません。目標達成のためには頑固さを捨て、素直さを持つべきです。

もしもあなたの周りに、今目指しているゴールを先に達成した経験者がいるのであれば、アドバイスをくれるのをじっと待つのではなく、自分からアドバイスを求めましょう。そして、そのときにはありのままの自分をすべて公開するべきです。

「どうすれば成功しますか」なんて、子供みたいな質問をしてもあなたに必要な答えは返ってきません。

今の状態や挑戦した内容。自分の強みや弱みなど経験してきたことを情報として伝え、その上でアドバイスを求めましょう。そうすれば、あなたにアジャストされた方法を教えてくれるはずです。そして、相談したからには報告を返すべきです。アドバイスを送る方は、その後が気になるものです。それなのに、教えを受けたあなたが、その後素知らぬ顔ではあまりにも失礼です。いただいたアドバイスを実践してみた結果を必ず返せば、また、次は何か生きた情報をいただけます。行動というのは、多くの手段があり、どれが正解かというと難しいものです。注意すべきは、多くのメンターを持ちすぎないことです。

多くの人に相談し、正反対のアドバイスを受けると自分が迷ってしまいます。そして中途半端に実践して、中途半端な結果のまま終わってしまうということだけはないように、上手く相談相手を絞り込むべきです。

サルマネは
そっくり真似てみて成立する。
アレンジするのは後。
まずは完全にパクる。
完パク宣言！

29 携帯電話の着信音を変える

携帯電話の着信音はどんな音楽にしていますか。

通常設定であればベルの音やアラーム音でしょうが、音楽にしたり好きな音源を取り込んでいる人も多いのではないでしょうか。

場合によっては、仕事中はバイブ機能に切り替えて音を消している人もいると思います。

どちらにしても、携帯電話の着信音でボイス機能が付いているのであれば、これを使うのも1つの手段です。音声を吹き込み、その音がそのまま着信音にできる機能で携帯電話であれば標準装備されているものが多いと思います。更にスマートフォンであれば、アプリが数多くありますので無料アプリの中から探してみてもよいでしょう。

そして、この録音機能を使ってどんな言葉を吹き込むかはあなた次第です。

例えば、「○月○日までに△△をする」のようなベタなものでも構いません。

子供の声のほうが燃えるのであればそれでもよし、彼女の声のほうが頑張れるのであればそれでもよし、メンターの声のほうが背筋が伸びるのであればそれでもよしです。

特に自分の声でなくても構わないのです。この録音機能は何度でも吹き替え可能ですので、スモールゴールを毎週吹き込み直してもよいのです。

「やり抜こうぜ！」と仲間たちに吹き込んでもらうのもよいでしょう。

あなたの目標はあなただけの目標ではありません。他の誰かと共有しているはずです。だからこそ、そんな仲間の声を何かの折に響かせてみましょう。

ちなみに、この音声を着信音として利用しなくても構いません。街中や、ちょっと携帯が取れないときに、彼女の声が鳴り響くのもよくないこともあるでしょう。

そんな人はアラーム機能にこの音声を使えばよいのです。そうすれば、目覚ましアラームとして利用し朝を迎えることもできます。

または、毎晩21時に設定し帰宅後の作業開始時間のお知らせとして使うなど、アイデア次第で様々なタイミングで鳴るように設定しておけばよいのです。

行動力を加速させる方法は様々なものがあります。

最終的にやるかやらないかは自分次第ですが、疲れたとき、気が乗らないときに行動できる仕組みを持っておけば、一歩踏み出せる自分になれます。

非日常には緊張感が
生まれる。
日常には慣れと油断と
怠慢が生まれる。
ぷはー。
日常を非日常に変える
仕組みをつくること。

30　達成時点を見える化する

近年流行の見える化は、形ないものを数値化したり、具現化することで「可視化」ともいいます。目標達成時点は未来ですので、もちろん見えるはずがないものです。だからこそ、見える化することで、達成が具体的にイメージできるのです。その手段としてわかりやすいのは、写真やイラストです。

トップの成績を納めたいのであれば、机の正面に飾るべきものは、達成した成績棒グラフの写真と、あなたの写真を張り合わせたものを用意すべきです。ちょっとした技術がある人ならパソコンで簡単にリアルなものを作成できるでしょうが、完成度はあまり必要としません。自分がその写真を見て、その気になればよいのです。

優績者旅行が設定されているのであれば、ワイキキビーチとあなた。高級車を購入したいのであれば、欲しいメーカーの欲しい型式の車の運転席にあなたの顔を張り付けるだけでよいでしょう。その他、目に付くところにはどこに仕掛けをつくっても構いません。

古典的ですが、意識は人の行動を変えます。トイレに入ればトイレに貼り紙をするだけでもよいのです。パソコンを開けば、スクリーンセーバーに文字を入れてみてもよいでしょう。

営業で成績を上げたいのであれば、例えば見込客のリストはいつも持ち歩く。手帳に入れても構いません。財布に入れても構いません。受験生が英単語を覚える為にいつでもどこでもツールを持ち歩いているのと同じように、営業トークや新商品の特性等を持ち歩いても構いません。視覚に訴えることで、行動力は格段にアップします。よく考えてみてください。日常生活の中で、そこまで目標を意識することはありません。その多くが「いつかできたらいいな」くらいの志です。

そして、傍からみている方がびっくりするくらい簡単に期日を先延ばしにしたり、妥協したりしてしまうのです。多くの人はどこまでも自分に甘いものです。

それでも安心してください。それはあなただけではなく、多くの人がそうなのです。だからこそ、すべてを目に見える形にしておくのです。視覚情報は脳に伝達されます。そこにトキメキやワクワクといった感情が連動すれば、脳は行動を指令します。あなたの人生はあなたが決める。そのためには決めたことを行動に移すしかないのです。

自分がトップ成績表を勝手につくる
優績者旅行の行先と自分の写真

目指す未来を勝手につくることも大切

31　ものごとは同時進行しよう

「時間が合ったら参加する」「自宅には家族がいるからトークを整理する時間がない」「子供が学校に行き始めたら」

こんな言葉を使っていませんか。丁度良い言い訳に時間やお金や家族を利用していませんか。

行動を起こすのにベストのタイミングがやってくることはありません。

そのときになれば、そのときなりの言い訳が浮かんでくるのです。

そしていつの間にか数年が過ぎたある日の言い訳は「もう少し若ければ」となるのです。

行動を起こそうかと考えたとき、その行動の先に何か自分が目指す未来が見えるのであれば、ものごとはいつも同時進行であるべきです。

どうしようか考えていたいのであれば、行動しながら考えるべきです。それは、行動しないでできない理由を探すことは損失以外の何物でもないからです。

行動もしていないのに「できない」だとか「難しそう」だとか、どうして判断できるのでしょうか。

また、少し手を付けてみて「やっぱり大変だ」と判断してしまうのはあまりにも早過ぎるのではないでしょうか。行動せずに手応えがわかるわけはありません。

更に、少し行動をしてみた状態というのは、その行動に対して初心者です。ものごとにおいて、初心者がいきなり結果を出すなんてことは数少ないものです。

時折、ビギナーズラックという言葉で総称されるようなラッキーパンチが当たりますが、そう継続するものではありません。初心者が簡単にできるくらいのものであれば、誰もが成功できるはずです。そんな、誰がやっても簡単に成功できるような行動にどれ程の価値があるでしょうか。継続して行動し続けた人のみが達成できる行動のほうがよっぽど価値があります。

だからこそ、悩むより先に同時進行で進むべきなのです。

今どうしようか、中途半端に迷っているものごとがあるのであれば進んでみましょう。行動しさえすれば、前に進むための情報が入ってきます。

同じ目標を持つ仲間が集ってきます。必要なことは進んでいる人にしか集まってきません。立ち止まって条件が整うのを待っている人には、それなりの情報しか見えないのです。

そして、それなりの情報とはマイナス材料であることがほとんどです。無意識の意識が行動しないでいい理由を見つけて、気持ちを安定させようとしているのです。

ものごとは考えながらでも進む。成功者の絶対法則です。

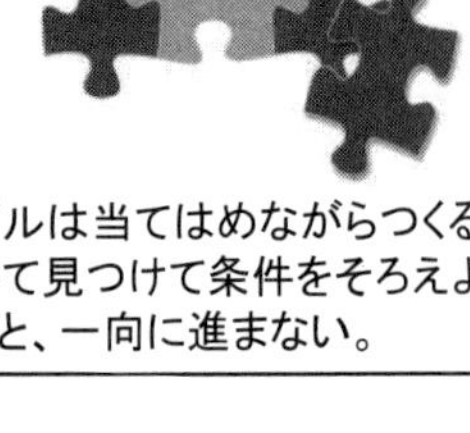

パズルは当てはめながらつくるもの。すべて見つけて条件をそろえようとすると、一向に進まない。

32　迷いと向き合おう

行動を起こそうとしたとき、考えたり迷ったり悩んだりします。ただ、立ち止まって考えてみてもスッキリするような答えは見つかりません。どうしようか迷っていても、何もしていない状態では迷いようがありません。時には深く悩むこともありますが、解決する糸口は行動の中から生まれるものです。

ただ、迷うことは誰だってあるでしょう。迷っているということは、行先が複数ありどうすればよいのか判断できずにいる状態です。

この迷うという行為を少し落ち着いて考えてみましょう。

例えば、あなたの目の前に素敵な異性が現れて、愛情に満ち溢れた告白をして来たとします。

その異性は、あなたの好みのタイプであり、テレビの中から出てきたような顔立ちです。

ただ、見るからにお金に困っていそうなところが気になります。

そうしている間に、その愛の告白を遠目に見ていた別の異性が慌てて駆け寄ってきました。

そして、同じように愛情に満ち溢れた告白をして来たのです。

二人目の異性は見るからにお金持ちです。

ただ、残念なことに見た目はあなたの好みではありません。

さて、話はここで終わりません。

更にもう一名の異性も愛情に満ち溢れた愛の告白をしてきたのです。

ところが三人目の異性は見た目も好みでないし、お金にも困っていそうです。

さて、三人のうちの誰か一人にイエスを出すのであれば、あなたは何人目の異性を選びますか。

きっと、一人目の理想のタイプの異性か、二人目の裕福層な異性で少なからず悩むのではないでしょうか。

三人目の異性に対しては、告白して来た事実は他の二人と同じですが、迷うことはありません。

初めから選択肢に入っていないのです。ここに、迷いの秘密が隠されています。

お気づきのとおり、始めからあり得ない選択は迷うことすらしないという事実です。

選択肢は3つあるはずなのに、無意識に自分の判断で選択肢を2つにしているのです。

ということはどういうことでしょうか。

仮にあなたが何か事を起こそうとして迷っているのであれば、行動に移してみたほうがよいのです。今のたとえ話のように、初めからなしであれば迷っていないのですから。

迷うくらいの価値があるものだからこそ、迷っているのです。

進もうかやめようかで迷っているのであれば、進んでみましょう。

2つの行動があり、どちらかで迷っているのであれば、いつもでも迷って行動せずにいるのは勿体ないことです。そんなときは描く未来が輝かしいほうに進めばよいのです。

「でも」「だって」

できるかどうかわからない。という人は非常に多くいます。わからないのであれば、やってみて判断してみればよいのにといつも思います。迷っている事実を認め、しっかりと向き合うのです。

そして、気づくべきなのです。いつまでも迷っていても答えなんかは出ないという事実に。

迷う時間は人生のロスです。それは、その時間は立ち止まり、大きく進み出すことのない時間だからです。そして、決めたからには全力で進みましょう。

あなたの未来をつくるのは、いつだってあなたです。他人が強く影響を及ぼすこともあれば、積極的に支援してくれることもあります。

それでも、あなたの推進力が弱ければ他人からの力は小さなものとなります。

迷う時間は人生の無駄。そのくらいの割り切りをもって行動に変えていきましょう。

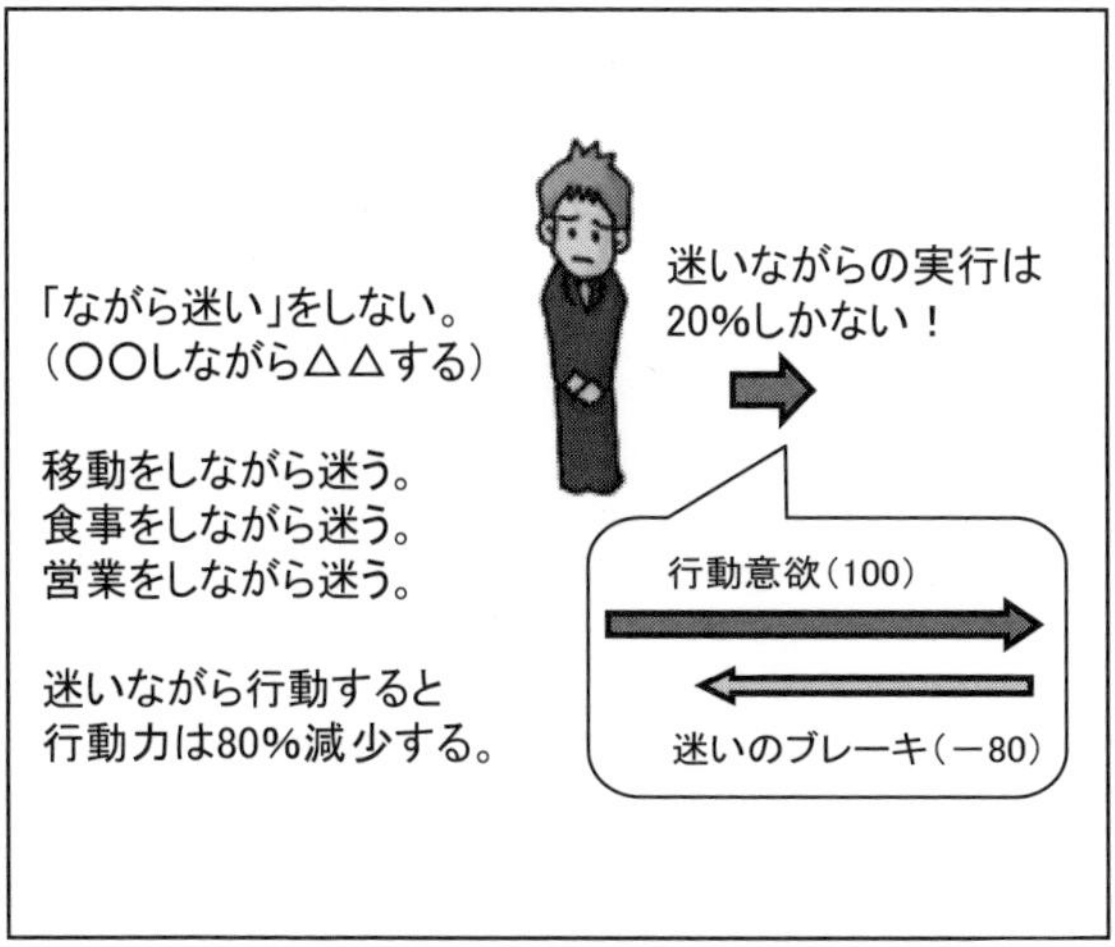
「ながら迷い」をしない。
（〇〇しながら△△する）
移動をしながら迷う。
食事をしながら迷う。
営業をしながら迷う。
迷いながら行動すると
行動力は80％減少する。
迷いながらの実行は
20％しかない！
行動意欲（100）
迷いのブレーキ（－80）

33　迷うほど行動する

迷ったときほど立ち止まらない、そう決めることが行動力を飛躍的に伸ばすことにつながります。

迷いは人生において無駄な時間とまではいいません。迷うことも必要です。

それでも、迷い続けている時間は無駄な時間と言い切れます。

「どうしようかな?」と思ったのであれば、考えてその場であっという間に決断する考え癖を付けておくことをお勧めします。

それは、日常の簡単なことにおいて練習するほうがよいでしょう。

喫茶店で注文する飲み物を決めるとき。

休日の予定を決めるとき。

ふっと思いついた人に連絡を取ろうか判断するとき。

シーンはいつでも構いません。

毎日の当たり前な選択肢の中で、迷わないトレーニングを行うのです。

人の行動リズムというのは、行動力のほうが弱く、抑止力のほうが強いものです。

一説によると、人は迷った挙句、行動に移すのは2割だといわれています。

同等に行動に移さないのも２割だということです。

どんなに周囲が止めようともそれを振り切り行動に移す２割の力。

一方、どんなに周囲が勧めようとも絶対に行動に移さない２割の力。

そうなると、どちらにも含まれない６割の力は何なのかご存知ですか。

この６割が「迷っている」という状態なのです。

ただ、多くの人が行動しながら迷うことを嫌います。最も安全に立ち止まって迷うことを選択するのです。

ここでいう、立ち止まるとは「動かない状態」のことをいいますので、結局迷っている時間は行動しないのです。

そうなると、人は８割を行動しないことになります。

ですから、日々進めないのです。

毎日がそう変わらない毎日を繰り返してしまうのです。

この進めない日々を一気に逆転する方法は１つしかありません。

それが「迷ったら行動する」ということなのです。

６割ある迷うゾーンを行動に変えてやるのです。

訪問しようか、しまいか迷ったのであれば行動するほうを選択します。

手紙を書こうか、止めとくか迷ったのであれば書けばいいのです。

このパターンを身に付ければ、迷うほどに行動できる突破力を身に付けることができます。

ただし、この考え方は欲望に身を任せるというのとは違います。

「欲しい車があるから行動だ。よし買おう」

「旅行に行きたいなら行ってしまえ」

というような乱暴な話ではありません。

行動したほうがよいのは頭でわかっているのに、行動できないでいるとき。

目標を持って臨もうとしているとき。

志や動機がしっかりとしているとき。

そんなときに、前に進めない自分がいるのは勿体ないことです。

そんなときには「迷ったら進め」を選択するという判断でよいのではないでしょうか。安心してください。

前述のとおり、絶対にしたくないこと。

想像できないこと。

あり得ないことは、無意識の意識の中で削除しているのですから。迷う程、自分にとって価値のある選択だということなのです。

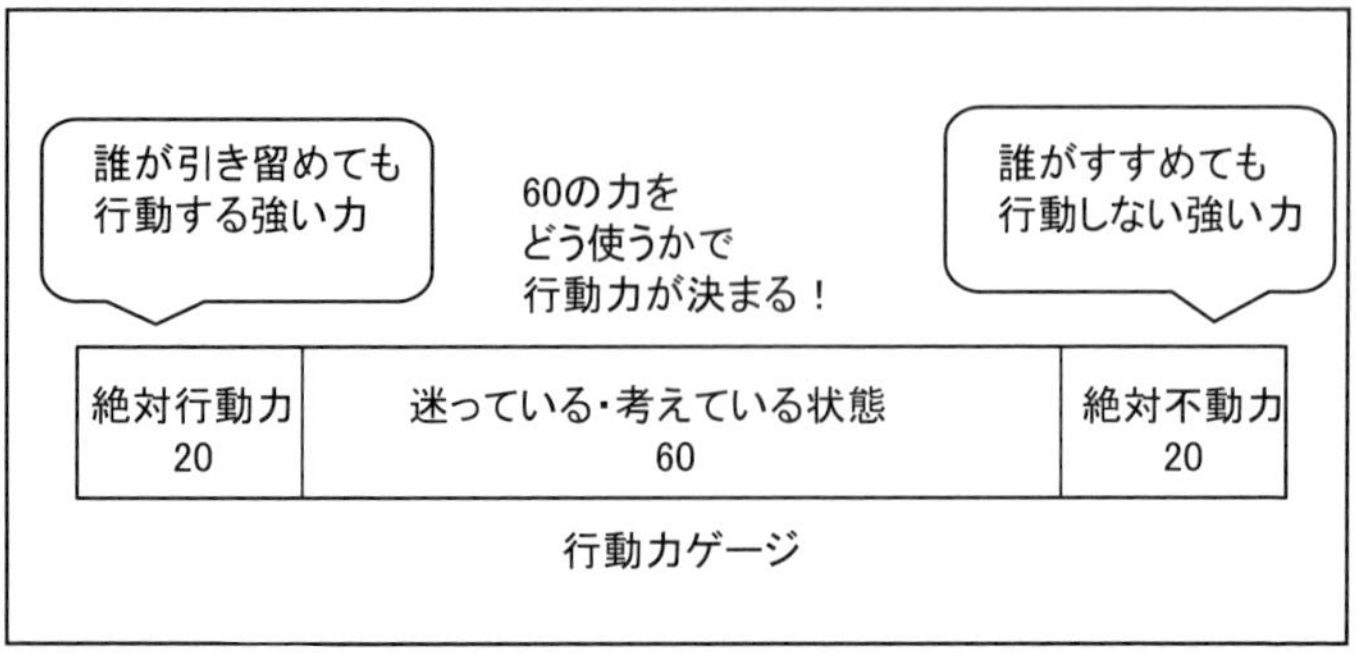
誰が引き留めても
行動する強い力
60の力を
どう使うかで
行動力が決まる！
誰がすすめても
行動しない強い力
絶対行動力
20
迷っている・考えている状態
60
絶対不動力
20
行動力ゲージ

34　仲間を引き込もう

行動するということは、安全地帯から出ることを意味します。

行動しなければ、リスクも失敗もない日々を送れるのです。ただ、そこにいるだけで何かを得ることはできません。

自宅でじっとしている漁師が収穫を得ることがないのと同じような話です。

行動すれば、時には追い風が吹き楽々に前進できることもありますが、強烈な向かい風に煽られることもあります。

そこで、安全地帯から出るときの手段の1つは、一人で行動しないことです。

何人かの仲間といっしょに出て行けばリスクは分散されますし、何より心強いものです。

だからこそ、仲間を引き込み共に行動することです。

仲間がいれば踏み切れる。これは日本人によくあるタイプです。

「赤信号　みんなで渡れば　怖くない」

誰が言い出したか知りませんが、日本人の心理を見事についた言葉です。

そこで、共に進む仲間の選択も必要です。

ただ仲の良い仲間だけを集めると失敗をすることのほうが多いです。

更には、ブレーキ役の仲間が多くなると、前に進めず悪影響だけが残ります。

ここで必要な仲間とは、行動力のある仲間です。

仲間を引き込み共に進む。そうすることで、言い訳のできない状態をつくることも必要です。

更には、自分の行動を大胆にする仕組みをつくることは欠かせないことで、そこに他力を取り入れることも欠かせないことです。

ここで、自力と他力を掛け合わせるときの絶対ルールがムードづくりです。互いの目標が同じ方向であれば、厳しい言葉も掛け合うことができます。

最後に、チームだとか集団という言葉を使うと大勢をイメージしますが、たった一人仲間をつくるだけでも行動力は、見違えるほど加速します。

そんな仲間を一人から増やしていきましょう。

大胆な犯罪やデモ活動・いじめに至るまで
仲間が増えると行動は大胆になる。

35 思いつく言い訳をあげてみよう

人は誰でも自分を認めて生きていきたいものです。自分の判断は失敗したなんて誰も思いたくありません。だからこそ、行動しなかった自分には、言い訳を与えてあげるのです。

「雨が降ったから遠方への営業は中止」

「土日を仕事に充てると家族に心配をかける」

そして、そういった言葉を言い訳とは位置づけません。もっともな理由として大切に扱うのです。

そうであれば、始めから思いつく限りの言い訳をあげてみるのも有効です。

場合によっては、行動する前からとにかく上げてみませんか。

お金の言い訳。時間の言い訳。仕事の言い訳。家庭の言い訳。社会の言い訳。

思いつく限りどんな言い訳でも構いません。１つの行動に対して、少なくても９個の言い訳をあげてみましょう。

私は研修を実施する際に、こうした言い訳をあげてもらうことがあります。

そうすると不思議なことに、昨日まで簡単に言い訳をしていた人が、頭を抱えて言い訳を考えているのです。そして、幾つかの言い訳しか出てこずにタイムオーバーを迎える人さえ出てきます。

それくらい、言い訳というのは形にしたくないものでもあるのです。なんとなく自分が思って、行動しない自分を肯定してあげるためのものなのです。それを、ノートに書けと言われても、書けないこともあるのです。

そして、書き連ねた言い訳を見て自分自身で気づくのです。本当に行動できない理由なんてないことに。

他人が聞けばもっともらしい立派な言い訳ですが、それを書いた自分はわかっているのです。

これをあえて行動する前に上げるのも手法の1つです。書きながら気が付くことは「すべて自分次第」ということです。

言い訳を文字にせずに、会う人会う人に行動しない言い訳を言っていると、なんとなくその気になっていくのです。

言葉は形に残りませんので、見直すことができません。当然のような顔をしてだらしないことを言っている自分は客観視できないのです。

こうなると、感覚はどんどん鈍くなり、言い訳をするのも恥ずかしくなくなります。

言い訳をとことんあげてみませんか。それは誰から助言を受けたわけでもなく、あなたの中から出てきたものです。

そして、行動が加速していくにつれ書いた言い訳がバカバカしく見えてくれば、自然と自分の中から言い訳も出てこなくなります。

営業活動をしていると、自分の意思だけではどうしようもないことがあります。

それは、相手が人であり、他人の意思と向き合う仕事であるからです。

これが、機械相手であれば、いつも同じことの繰り返しが重要となりますので、柔軟性より一貫性が求められます。

一方、営業というフィールドでは、一貫性の中に柔軟性が求められます。相手に合わせて形を変えるスポンジのようになれれば、どのお客さんからも好まれる自分になれます。

そこで、お客さんの「できない理由」「買えない理由」「今日決められない理由」と向き合い解消してあげることが求められます。

だからこそ、まずは、自分の「できない理由」と向き合うことで、良きアドバイザーとしての捉え方を磨くことができるのです。

できない 理由をあげ続けてみるのも大変。

36 思いつく対策をあげてみよう

言い訳の数だけ対策を立てることができます。

だからこそ、行動する前に想像できる言い訳を出し尽くすワークを行うのです。

そして、書き連ねた言い訳をそのままに置いておくのは勿体ないことです。

「時間がない」と言い訳を書いたのであれば、ここで終わるわけにはいきません。

言い訳は行動できない理由です。

そうであれば、言い訳の対策を立てることで行動できない理由をなくすことができます。

「時間がないからこそ、どうすればいいのか」

対策を立てずに行動すると、自分の言い訳に負けてしまいます。

例えば、9個の言い訳を上げた人は、9個の対策を立てることができます。

これが、マイナスとプラスは表裏一体といわれる所以です。

そういう視点で自分から出てきた言い訳を見てみると、「やる気が出ないから」「すぐに飽きて続かないから」等の言葉も出てきていませんか？

対策を立てようにも「気持ちの問題」であることが多く、結局自分がやればすむだけの話だったりもします。そうであれば、それでよいのです。

行動できずにいるブレーキが自分の気持ちの問題であれば、ブレーキを解除するのも簡単です。

「だから、どうするの？」

自分の言い訳にこの言葉をつけてあげるのです。

そして、その答えを自分の中から引き出すのです。

知識の不足や、技術の不足は、学ぶことで補うことができます。経験することで強化できます。

一方、気持ちの不足は学びでは補いきれません。

「どうしても値引交渉に持ち込まれてしまう」という営業マンはトークで布石を打つこともできますが、根本はトークよりも営業マンとしてのあり方なのです。

値段に対する自信や商品に対するプライドを揺るがず持っているだけで、値引交渉の余地がないムードをつくることもできるのです。

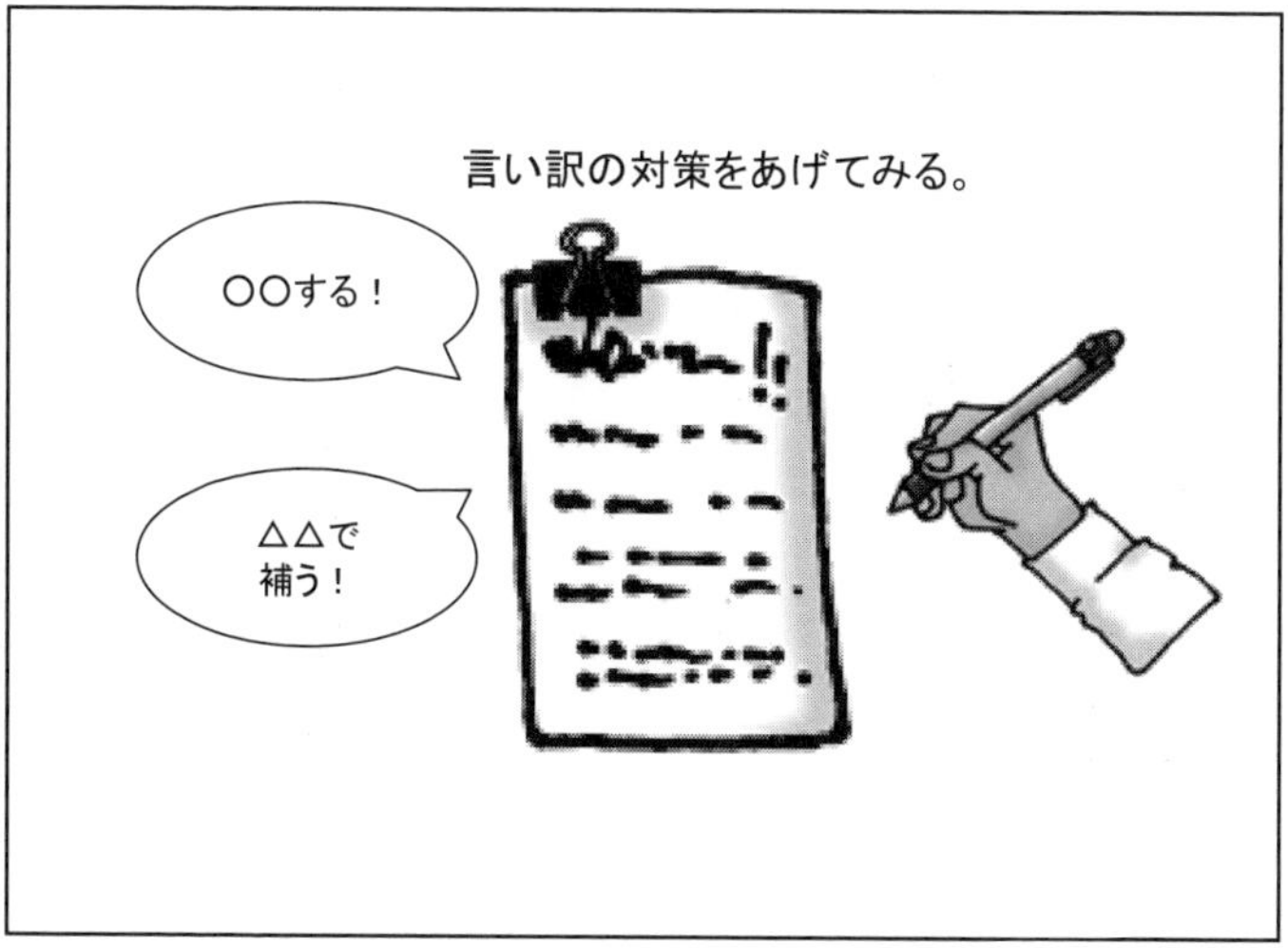

37　思い切って逃げてみる

「行動するにもその気にならない」。絶対的な理由があるわけではないけれど、気持ちが乗らないときもあります。

そんなときは、一度思いっきり逃げてみることも考えてみましょう。

ただし、逃げるときは条件設定が必要です。

「3日間は何も手をつけない」だとか、逃げる期日を決めるのです。

資格取得を目指しているのであれば、3日間はテキストを開かない。テレビを見たり読書をしたり好きに過ごせばよいのです。

それでも、期日はやってきます。

そうしたら、遊んだ分を取り返すように一生懸命取り組めばよいのです。

これは多忙な人がよく使う手段です。

ただし、効果があるのは行動をしてある程度の手応えを感じるところまで来ている人に限ります。

例えば、経営者が1日何も仕事のことを考えずに遊んでみます。こういうケースは、遊びながらでもついつい仕事のことを考えてしまうものです。

昨日、参考書を買ったばかりの人ではなく、資格試験の日程が来月に迫っているような人だから、限られた日にちの１日を遊びに使うことの価値がわかるのです。

何もしなくても痛くも痒くもない人が遊び呆けても、何にも感じません。

仮に、３日間行動から離れても、何にも感じないのであれば、それは本気になれていないことを意味します。そのときは「本気になれていない理由は何なのか」を考えるとよいでしょう。

逃げることは決して悪いことではありません。帰ってくる約束があるのであれば、一旦離れて自分のやっていることを感じてみるのも良い気づきを得るかもしれません。

逃げるのとやめるのは違います。ここでいう「逃げる」は離れてみるということと捉えてください。

営業とは人と向き合う仕事です。自分と向き合った分だけ人と向き合える。人間力を磨ける職種なのです。

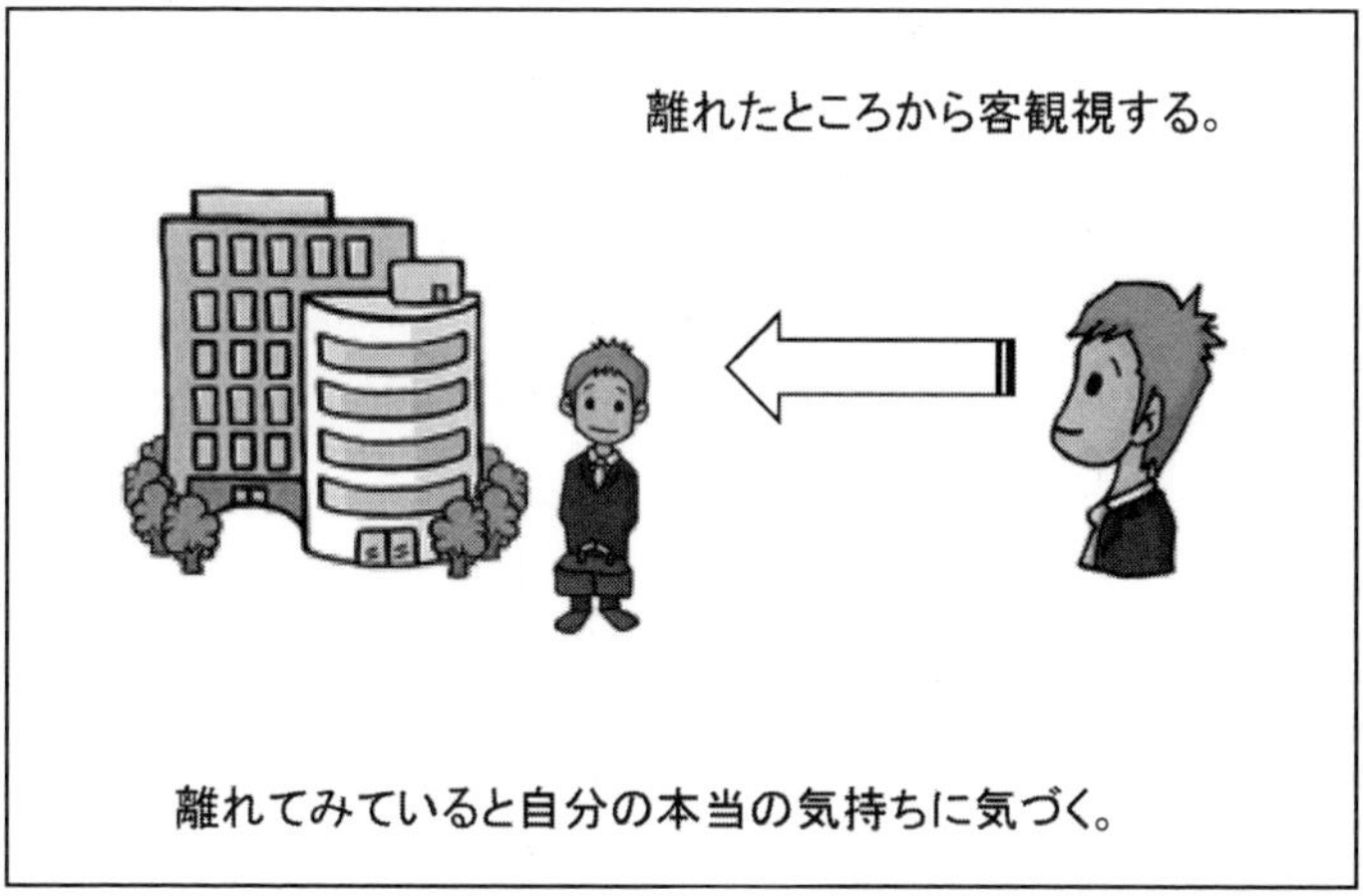
離れたところから客観視する。
離れてみていると自分の本当の気持ちに気づく。

38　スゴロク理論を頭に入れよう

時として人は行動したことに満足します。

目標に届かなくても、そこまでやれた自分を褒めてあげたりもします。

確かに、何もしないままの人より、何か事を起こした人は素晴らしいのはいうまでもありません。

ただ、行動力というテーマで考えてみると参加賞はないのです。行動はスゴロクと同じです。

スゴロクは経過を評価されません。ゴールに達した順番だけが評価されるのです。

そこまでに持ち点があるのであれば、最も多い点数を持っている人だけが一番なのです。

途中まで良かっただとか、時間がないから止めてしまったとか関係ないのです。

途中までとてもよかったとしても、最後まで上がらなければ何もしていないのと変わらないのです。

掲げた目標に達していないのに、満足をしてしまう人は目的が大幅にずれてしまっていることに気づかなければいけません。

「やった分だけ成長した」だとか「経験は今後の何かに役立つ」だとかはごまかしているのです。

経過も大切です。

ただ、結果を得なければ実質的には何も変わらないのです。

結果の出ない営業マンはこのスゴロク理論が頭に入っていません。経過に満足してしまうのです。

いや、本当は結果が出ていないことはわかっているのですが、雰囲気の良い経過だけで今日を良しとしてしまうのです。

お客さんが「考えておく」といった言葉も自分の解釈で前向きに捉えて、次に連絡をすれば契約をいただける可能性があると思うのです。

見込客は何人持っていようと、所詮見込みであることを知るべきです。１日活動して3件の見込みを持って帰るよりも、１件の契約を持って帰るべきなのです。

そして、３件の見込客が後日成約となる確率は極めて低いことも知っていなければいけません。

また、今日反応が良かったお客さんも、明日になれば断るほうに動いていることがほとんどなのです。

そうであれば、結論を先延ばしにするのではなく、今日最後の返事をいただくことを優先すべきです。押売りをするのではなく、正しく判断してもらうのです。

それも、できるだけお互いのために先延ばしせずに決めてもらうのです。

そのためにできることを当日する。それが行動力なのです。

そうすれば、3件の見込客よりも、2件に断られてもいいので1件の契約を得ることができます。

この話は、見込客をつくるなという話ではありません。

1日のゴールにこだわることに重要性をまとめているのです。

先延ばしの仕事が上手くいくことは、極めて少ないといえます。営業に関しては、基本的にチャンスは一度きりと思っておきましょう。

決められるときには決めていただくことです。

そして、しっかりと話を進めた上で、保留になるのであれば問題はありません。

勘違いしてほしくないのは、売り急げと言っているわけではありません。商談のゴールを相手任せにしないことの大切さを再認識してほしいのです。

優秀な営業マンは相手任せに事を進めません。その商談のゴールを自分が決め、お客さんが気持ち良くゴールに辿り着くために、提案を行ったり、背中を押したり、時には時間を与えたりしているのです。

営業のスゴロクの駒を動かすのはあなた自身で、そのサイコロを振るのもあなた自身なのです。

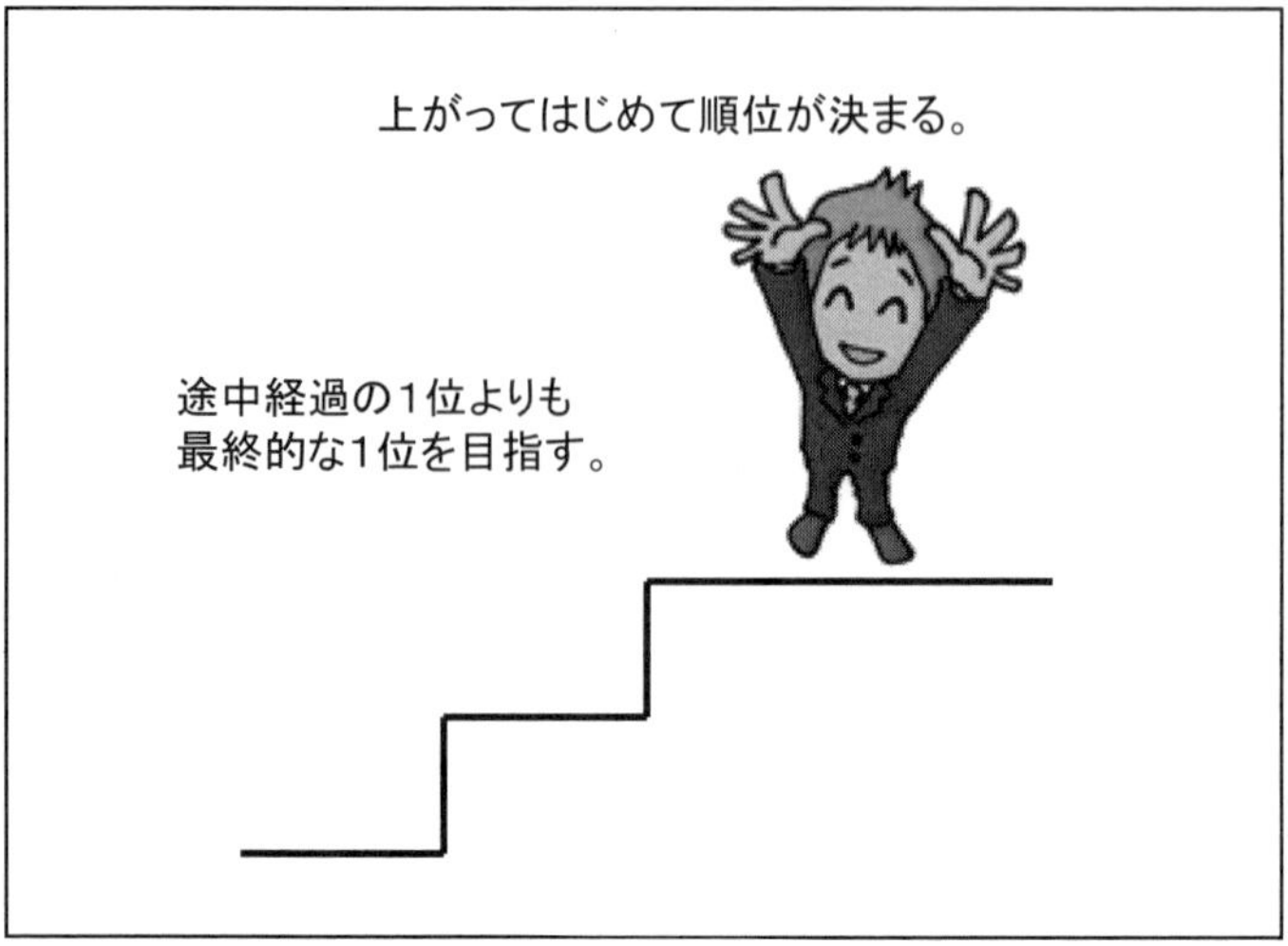

上がってはじめて順位が決まる。
途中経過の1位よりも
最終的な1位を目指す。

39　0をなくそう

好奇心が強い人は何でも試したくなります。よくいう「熱しやすく冷めやすい」タイプの人がそうですが、始めの一歩を簡単に踏み出すのです。

ただ、少し上手くいかなかったり、忙しかったり、面白くなかったりすると、すぐに投げ出してしまいます。少しやってみて、止めてしまう。なんでも、この繰り返しなのです。

ですから、もちろん結果が出ません。それでも、いつも何か新しいことに挑戦していたりしますので、一見行動力があるタイプに見えますが、これは間違いです。

「とりあえず何でもやってみる行動力」と「続ける行動力」この2つの行動力が揃って初めて一人前です。

「とりあえず何でもやってみる行動力」は、瞬発力ですから行動派の人であれば難しいことではありません。ただ、そんな人ほど持久力である「続ける行動力」を持っていません。

そんな人が意識しなければいけないことは、「0の日をなくす」ことです。

3日坊主な人だって、3日続けて行動をして迎えた4日目はまだ諦めていないのです。

1日休んで、また5日目は再開しようと思っているのです。それなのに、1日0の日があると、面倒くさくなり気が付くと数日休んでしまうのです。

そうなると、もう行動力は完全に止まってしまいます。そこで、そうならないための対策は1つしかありません。

それが0の日をなくすということです。

もちろん理由があり行動できない1日もあるでしょう。そんな日でも、なんとかして0をつくらないようにするのです。毎日、30分早く会社に出社し、営業トークのロールプレイングを行うと決めたのであれば、これを決めて満足するのではなく、続けるのです。

例えば、電車に乗り遅れる等して会社に到着するのがギリギリになったのであれば、終業後の30分をロールプレイングの時間にすることを決めておくのです。決めた行動が0で終わらないために何でもよいので0の日をつくらないルールをつくりましょう。そうすれば、行動の緊張が切れずにすみます。行動することが当たり前になるには、少し時間がかかります。だからこそ、毎日何かできることを決めておくことはとても重要です。

今日も一歩
明日も一歩
明後日も一歩
時々走って
時々休むと
結果はでない。

40 まだ試していない方法を探そう

何か行動を起こしたときに、必ず成功する人はいません。

上手くいかないことが多くあります。

そこで、結果を出す人の共通点はあの手この手を繰り出すことができる人です。

多くの人は1つの目標に対して、多くの手段を持ち合わせていません。

山登りでも頂上は1つしかありませんが、登山口は多くあります。

また、同じ登山口でも途中から分岐があり好きな道を選ぶことができます。

目標に対して、あの手この手。簡単なようですが、現実の行動において1つの手段で失敗すると、他の手段を実行しようとしないものです。

行動力のない人は、1つ目の手段がダメなら2つ目の手段にいかずに、やるか・やらないかという選択にいつの間にか変わり、とりあえず「やらない」を選んでしまうのです。

行動力ある自分になりたいのであれば、やるか・やらないかの選択を持たないことです。

一度やると決めたのであれば、次の行動をいくつ持っているかです。

その場合の考え癖は、「まだ試していない方法は?」と自分に問い掛けることです。

そして、浮かんでくる方法をすべて試すくらいの気持ちが大切です。

行動力のない人は、浮かんできた方法を打ち消すことがとても得意です。

浮かんでは消し、浮かんでは消します。他人から出てきたアイデアではなくて、自分から出てきたアイデアのはずなのに、行動する前に消してしまうのです。

そして、「有効な方法は何も浮かばなかった」と簡単にいうのです。

これでは、前に進めるわけがありません。

たまたま1つの道が通行止めになっていたからといって、諦めて帰ることはないはずです。

別の道を通って目的地まで辿り着く。

これは、難しい話ではありません。次の方法を試さない人は、目的地まで辿り着く気持ちが薄いのです。

行っても行かなくても、どちらでもよいくらいのゴールなのかもしれません。

例えば、人に誘われて断り切れず渋々受けた約束があったとします。

その約束の日の前日、子供が咳をしていました。そうすると、これが都合良く「行けない理由」になるのです。

「本当に行きたかったんだけど子供が風邪を引いて熱を出しそうだから、明日は行けない」

そんなストーリーはよくある話ですが、それと同じようなことを自分自身の中でつくっているのです。

本当はまだやれるはずなのに、やれていない自分がいます。

それを一番知っているのは自分自身です。

次の手を打ちませんか。

向き、不向きはやってみないとわかりません。

「まだ試していない方法を探す」ということは、日常の営業活動だけでなく、商談時にも同じことがいえます。

商品の説明をし、必要性を伝えてクロージングに入ったとします。ところが、お客さんが乗ってこない。

そんなシーンにおいて、突破力のある営業マンは簡単に終わらせたりはしません。

プレゼンファイルを閉じてしまう前に、可能性を探すのです。お客さんが契約に踏み切れない理由を探し、納得できる理由を教えてあげるのです。

幾つもの手をもつことこそが、最大の武器にもなるのです。

あの手その手この手　多くの手を持つ

追い込まれたところから、いくつの手を持っているかで
勝敗は決まる！

41 時にはやり過ぎてみよう

今までの人生で何かに向かってやり過ぎたことがありますか。

多くの人がやり過ぎる前に止めてしまうものです。

学生の頃は、部活で体を壊すまで無理してみたり、受験で朝も夜もなくなる毎日を送ってみたり、恋愛で異性のことを思い続けてみたりしませんでしたか。

そういった経験は、今思えばやり過ぎもあったかもしれません。

ただ、振り返ってみると悪い思い出ばかりではないはずです。

更に、一度やり過ぎたことで見極めができるようになったはずです。

「どこまでやればやり過ぎなのか」、それは、やり過ぎてみないとわかりません。

日常、やり過ぎが怖くて途中で緩めてしまうこともあると思いますが、それはまだやり過ぎの随分手前であることもよくあります。だからこそ、自分が目標設定をした行動に関しては、一度早いうちにやり過ぎてみることも必要です。行動の限界点を知ることです。

他人が見たら少し心配されるくらいハマってやってみる。これが、言葉では簡単ですが、なかなかそこまでできません。人はどこまでも自分に甘いものです。

例えば、訪問販売をしている営業マンが1日に１００件訪問しているとします。そして、その中から数件の見込み先が見つかり、１件の契約が上がるとします。それであれば、１日に３００件回ることができたらどうなるでしょうか。

1件あたりの滞在時間が短くなり、悪影響となるのでしょうか。それとも、数回ることで見込客を多く集めることができるのでしょうか。

答えは、やってみなければわかりません。そうであれば、やってみればいいのです。たとえ会社の定義が１日１００件の訪問だとしても、大幅に超えたところに何かヒントが隠されているかもしれません。自分の方法を見つけることができたり、新しいトークのアイデアが浮かんだりするかもしれません。１日１００件回ることを大変だと思っていた自分が、３００件にチャレンジして仮にやり遂げることができたなら、１００件は楽に回れるはずです。そのときに、何を感じ行動がどう変わるのか。

それはやってみた人だけが知ることです。

あなたも一度やり過ぎてみませんか。

100件手紙を書いてみる。
300件訪問をしてみる。
500件電話をしてみる。

あなたの会社の基準や常識を超えた数を目標にしてみる。
目標にしたからにはやってみる。
そこから何を得れるかは、やってみてからのお楽しみ。

42 自己中心的な考え方を持とう

「自己中な人」と言われて良い気分になる人はいません。

「自分勝手な人は大勢の中でうまくやっていけない。もっと協調性を大切にしなさい」と言われているような気になります。

ただ、自分の行動に対して自己中になりなさい。というのは、少しニュアンスが違います。

時として、本当に何かをやり遂げようとしたときに、視野が狭くなることはあります。

ゴール一点のみを集中して見ている状態、他の何も見ようとせず、ぶれることのない強い想いを持って突き進むとき、人は自己中になるのです。

もちろん周囲への感謝や配慮等を忘れてはいけません。すべてにおいて自己中な生活を送るのではなく、目標に対しての行動を「自己中」に進めていくのです。

例えば、あなたの目標達成のためにどうしても会いたい人がいたとします。

その人に1日でも早く会いたいのであれば、相手の都合よりも自分の思いを優先させ、5分でも3分でもいいから会って欲しいと押しかけるくらいの熱意を持っている人のほうが、結果を出すこともあるでしょう。相手の都合を優先させ、いつ会えるかわからない順番待ちをしている間にも、時間は流れているのです。すべてにおいてアポなしで押しかけることをお勧めしているわけではありません。例えば、そういうこともあるということです。

１日の時間は24時間。それは、特別扱いなしで誰もが平等に与えられています。ただ、平等に見える時間も使う人によって違いが出てくるのです。

目的地まで歩いて行く人。自転車で行く人。車で行く人。使い方によって、余る時間が出てきます。

福岡~東京間を新幹線で行く人と、飛行機で行く人とでは、現地での滞在時間に違いが出るのは当然のことです。

すべては目標達成のために、身の回りの環境を自己中に使います。ただ単に自己中な人は嫌われます。

そうではなく生き生きとした瞳で絶対に譲れない目標を達成するために、自己中でいるべきです。

そして、協力してくれた人、わがままを聞いてくれた人には全力でお礼をすればよいのです。

自己中になれるくらい、本気になる。

ただの自己中にならないためには、行動するしかないのです。

この地球は自分を中心に回っている。
そう言い切れるくらい自分軸で動いてみる。

43 圧倒的な自信を持とう

あなたは自分に自信がありますか。これはルックスが良いとか、収入が多いとかいうことではありません。生き方に対しての自信です。

行動することに自信を持てないまま突き進める人は多くいません。

だからといって、結果が出ていないのに自信を持つというのも難しいものです。

そうであれば、「経験がない」だとか、「力がない」だとか、「センスがない」だとかいう前に、行動すると決めた自分に自信を持つだけでよいのです。

それも、風が吹いたら倒れそうな自信ではなく、圧倒的な自信を持つべきです。

根拠は必要ありません。結果は、後からついてきます。

まずは、目指すべきゴールを持っている人は、そんなに多くいないのです。

毎日、与えられたゴールになんとなく進みながら、時として迷い、時として諦める人が多いのです。

そんな中で、あなたは明確なゴールを持って、夢・希望に満ち溢れ行動を起こそうとしているのです。それだけでも、大きな自信になるはずです。職業や趣味や立場などでやっているものではなく、自分の生き方として行動します。周囲の人が見たら痛くなるような自分に酔った自信ではなく、

しっかりと地に足を付けた自信を持つべきです。その差は行動を見れば一目瞭然です

何の世界でも一流の人は語らずとも漲る自信があり、独特の雰囲気を持っています。

そんな雰囲気を一朝一夕で手に入れることはできません。

行動の積み重ねから、多くのゴールを得た一流の人だけが手にするものです。その域に達するまで一般人の我々はどうして自信を持てばいいのでしょうか。黙っても漲るものがないのであれば、喋ればいいのです。

とはいっても「私は自信があります」なんて喋るものではありません。自信という言葉を使わずに自信を感じてもらうのです。

「それなら1週間あれば十分です」

「間違いなく○○が原因です」

できるかな、できないかなではなく、言い切るのです。

そうすることで、やらなければならない状態ができます。お客様はそんなあなたの言葉や姿勢を敏感に感じ契約を決めます。

これが続くことで、本物の自信が手に入るのです。

朝起きて夜寝るまで自信を持てるか？
根拠なんて頭で考えなくていい。
自信と結果はどちらからスタートしても構わない。

44 すぐに行動しよう

何かを始めるとき、初速は非常に重要です。

思いついたときというのは、「やってみたい」という前向きな気持ちが芽生えた瞬間ですから、好奇心や探求心が行動力を後押ししてくれます。

そこで、すぐに動くこと。

そうしないと、ゆっくり条件を整えているうちに、好奇心や探求心は不安や手間にかき消されます。できれば、不安や手間が出てくる前に動きます。

それができる人を目指しましょう。

行動と障害はセットです。何かを始めると障害物が現れます。追い風も吹きますが、向かい風も吹きます。どんな目標でも必ず障害が現れるのです。

それは時間であったり、反対意見であったり、上手くいかない状態であったり、やる気を失った自分自身であったり、様々な形となって現れます。

そうであれば、早めに障害が出てきたほうがよいのです。

そこで、潰されてしまう行動力であれば、ゴールには到達できません。

障害をクリアする度に、行動力がグングン増していきます。

乗り越える度に自信が湧いてきます。

行動することが楽しくなります。

その状態に入ればこちらのものです。

マラソンでいうところの「ランナーズハイ」の状態をご存知ですか。

苦しいところを乗り切れば、体が軽くなりさっきまでのキツイ状態が嘘のように進むことができるのです。そうなるとペースをグングン上げても辛くないのです。

キツイところを乗り越える。

それは何にでもいえます。

上り坂は傾斜があればあるほど苦しいですが、登り切った後の下り坂は苦労した分、楽ができます。

思い立ったらすぐに行動することに、不安があるようであれば、行動しながらゆっくりと考えればいいのです。

安心してください。思い付きの大体は大きく間違ってはいません。

小さく修正点があるのであれば、考えていても修正できませんので、行動しながら出てきた問題を修正していきましょう。

そうすれば、より早くゴールに到着できます。

営業マンが新しいエリアや業種に営業を掛けようと思ったとします。

そうであれば、市場調査や応酬話法等を考える時間を別にとるのは時間の無駄です。

まだ未着手のエリアに市場があるかどうかをインターネットで探しても、まだ受けてもいない断りの応酬を考えても、そこから生まれるのは不安くらいのものです。

思いついたのであれば、早速現場に出てみるのです。自分の足で市場性を確かめながら、断りを受けながら、対策や有効性を練るのです。

物事は常に同時進行させる癖を持つ人が成功します。

活きた情報は足を運んで手に入れます。

活きた断りはお客さんから受けてみます。

そこからスタートを切るほうが、結果として早く営業成績を収めることができるのです。

あとでやる
時間ができたら
明日から

そのほとんどをしないのが人間です。

15分後にやる

どうしても
今できないときは
明確な時間を決めること。

行動は後回しではなく、先回し。

45 自己実現の欲求をくすぐろう

「過去は振り返るもの　未来は描くもの　そのために今を生きる」

そんな言葉があります。

未来を描けない人に、充実した未来は望めません。

過去を振り返らない人は同じ失敗を繰り返し、充実した未来に辿り着けません。

今を大切にしない人が明日を大切にできるわけがありません。

思い描く未来を実現すること。それが、人間の生きる喜びです。そして、自己実現をするために行動力は必須の力となります。

行動力のない人が自己実現をしていく姿を私は見たことがありません。

たとえ生まれ育った環境が裕福で、不自由なく与えられる環境であったとしても、お金では得ることのできない自己実現の欲求を持っているはずです。そして、それを得るためには行動しかないのです。その行動が「今を生きる」という最後の節に集約されています。

明日やる癖が付いている人は一生やることができません。

それは、今日の明日は明日になれば今日になるからです。

毎日、毎日先延ばし。先延ばしにする都合はいくらでも思いつきます。そうならないためには、自己実現の欲求を自らくすぐることです。将来はどうなりたいか、あなたはすぐに思い描けますか。子供が七夕祭りの短冊に書いているような幼稚な願いでも構いません。

「足が速くなりたい」

「お金持ちになりたい」

「学校の先生になりたい」

素晴らしいではないですか。短冊を渡されて書くことがないと考え込むよりも、思いのまま欲望を文字化することは大切です。そして、その願いをお星様に託すのではなく、自分の力で実現しようとしたときに、必要になるキーワードがあります。それが、手段です。

どうしたら、実現できるのか。そのために今日から取り組めることは何か。そこまで出てくれれば、残すは行動しかありません。例えば、あなたの手元に短冊が回ってきたなら、どんな願いを書きますか。

そして、その願いを叶えるのは他でもなく、あなた自身です。

欲望を持つ
野望を持つ
でっかいことを企んでみる。

堅実や謙虚さを持ちながら
大胆なことを描くこと。

堅実だけでは可能性領域が小さくなる。

46 常に欲しいもの・行きたい場所を持とう

人がエネルギーを燃やすために必要なもの、それが欲望だといわれています。物欲でも出世欲でも何でも構いません。欲張れば欲張るほど、エネルギーが湧いてくるのです。そういう意味では「この辺でいいや」という欲のない人はエネルギーが湧きたってこないのではないでしょうか。

私も営業マン時代によくいわれていたことがあります。

それが「常に欲しいものを持て」ということでした。

「立派な腕時計が欲しい」「高級車に乗りたい」「ブランドのスーツを着たい」当時20代の私は欲しいものを探すことに苦労はありませんでした。

基本的にいい恰好がしたかったのです。

そして、歩合で給料を稼げる営業マンが欲望を満たすためには、営業成績を上げればよかったのです。単純ですが、「仕事で稼いで欲しいものを買う」というエネルギーのつくり方は、いつの時代にも通用するものです。ですから、欲しいものがなくなると、百貨店や商業ビル等に出向き、次に欲しいものを探していました。欲しいものがないときは、行きたい場所を探しに旅行代理店に出向き、世界中の旅行パンフレットを眺めていました。それは、当時の私にとって営業成績を上げるために行動力が欲しかったからです。不思議と満たされると行動力が鈍るのもそのときに知りました。これは、普遍的なルールです。

特に、お金で解決できない目標を持っていても、営業という環境下になくても構いません。

欲しいものや行きたい場所等を持つことは脳内エネルギーが湧いてくるのです。

もしも、「自由に使えるお金が１００万円あったら何をしたい？」と尋ねられて、悩んでしまうのであれば即答できる準備をしておくべきです。

仮に「貯金」と答えるのであれば、行動エネルギーが低い状態ともいえます。あなたの目標が「貯金すること」以外であればの話ですが。

せっかくですから考えてみてください。

「自由に使えるお金が１００万円あったら何に使う？」「１０００万円あったら？」「10万円のときは？」そんな楽しいエネルギーの持ち方もあるということです。

47 自己暗示しよう

洗脳と聞くと少し怖いイメージを持つかもしれません。

マインドコントロールと聞くと難しいイメージを持つかもしれません。言葉は自分にぴったりのものを探せばよいだけですが、自分自身を暗示にかけることは、絶対に必要です。

相場は3万円の商品ですが、あなたが扱っている商品は30万円だとしましょう。

これが高いか安いかと問われれば、間違いなく高いです。

その分、高品質であることは間違いないですが、世間一般の評価は「高級過ぎて手が出ない」となるかもしれません。そういった商品を富裕層に販売するのではなく、一般層に販売するのであればまずしなければいけないことは自己暗示です。「決して高くない」と強く思い込むのです。「必ず満足頂ける」と強く思い込むのです。そうでなければ、強い行動力を持つことができません。

例えば、勧めている商品が「必ず満足いただける」と強く思っていて、お客さんが商品購入を躊躇っているとき、あなたの想いが軽ければ、「まぁ、仕方ないか」と思ってしまいます。「ゆっくり考えてくださいね」と笑顔で終わらせてしまうかもしれません。

ただ、この思いが強く「絶対に満足頂ける」と思い込んでいたなら、躊躇っているお客さんを前に簡単に話を終わらせることはありません。

どうしてもわかってくれないのであれば、悔しくて涙が溢れそうになるかもしれません。

さて、そんな営業のシーンがあるとすると、どちらの営業マンのほうが結果を残してくるでしょうか？　1か月同じ商品を提案し同じ時間働いても、結果は大きく違ってくるはずです。あなたが目標を達成するために、今「やる」と決めた行動がどれだけ譲れない行動なのかを自己暗示するべきです。「続かない」だとか「難しい」だとかいう言葉が出ている間は、この思い込みが足りないのです。

思い込みという言葉を使うと無理に自分に言い聞かせるという雰囲気で捉えられるかもしれませんが、それは違います。ぼんやり思うのではなく、確信を持って強く思う状態にしておくということです。

そして、不思議なことに始めは一生懸命思い込んだことが、繰り返すうちに始めからそれが当然の思いだったように体が自然と馴染んでくるのです。そうなれば、あなたの行動力は留まることなく磨き続けられることでしょう。

土壇場で差が出るのは
「絶対に喜んでもらえる」という強い気持ち。

48 思い切って諦めてみよう

ここまでの考え方をすべて実行して、それでも前に進めないのであれば、思い切って諦めませんか。

この項はサジを投げてまとめたわけではありません。

実は、一度諦めてみることも場合によって有効なのです。

例えば、1か月意識し続けたにも関わらず、どうしても行動できなかったのであれば、「もういいや！」と諦めてみるのです。

そうすると、不思議なことに、諦めて過ごす日々が気持ち悪くなることがあります。

1か月間、あの手この手で行動しようとした自分が、今日から放り投げたわけですから、どこか気持ち悪いのです。スッキリするのは初めの数日くらいでしょうか。

そこで、本当に何も気持ち悪くないのであれば、本当にあなたの目標はそこになかったと捉えてもよいと思います。諦めたときから気持ち悪いのであれば、もう一度思い直すのです。

応援してくれる仲間の存在。一生懸命に書きまとめたノート。自分自身が描いた夢・目標。

そして、やればいいのにやれずにいた自分。

放り投げた自分が気持ち悪いのであれば、自発的に行動できます。出会いで涙が溢れる人はいません。ただ、別れでは涙が溢れてしまいます。そして、再会ともなると歓喜の涙が溢れるはずです。それは、一度なくしたものを見つけた喜びは、当たり前にある喜びよりも大きいからです。

思い切って諦めるというのは、「諦めたくない」から諦めてみるのです。行動できない自分がいるのであれば、止めてみるのです。

その後、もう一度チャレンジしようという思いが湧いてきたのであれば、次は本気になるべきです。

こんな書き方をすると、前回は本気でないと決めつけているようですが、「やるか」「やらないか」自分次第の環境で「やらなかった」のであれば、本気になっていなかったのです。

本気にならずに結果が欲しいなんて虫のいい話です。本気にならずに行動できないなんて当たり前の話です。

さて、今のあなたは本気ですか。本気であれば、目標に向かって一直線に進んでみませんか。

休むよりも投げ出すよりも更に強い否定
「諦める」
諦めきれない想いがあるかを図ってみる。

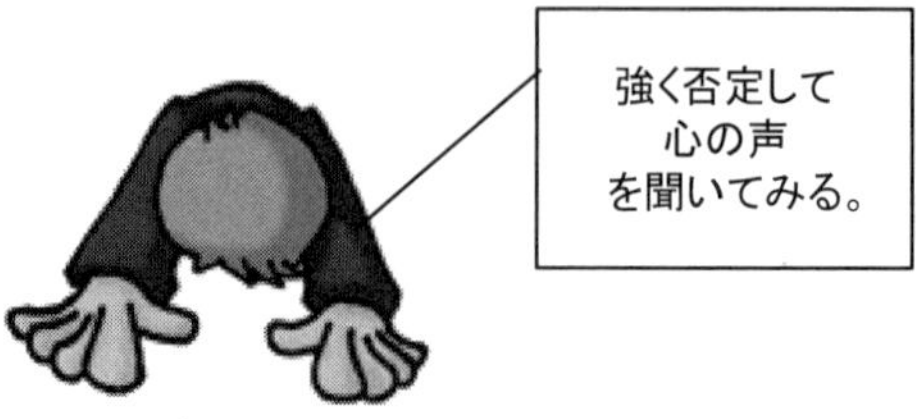

49 3日で馴染んで、3週間で慣れて、3か月で習慣にしよう

1つの行動を3日間連続で行うと、なんとなく体に馴染んできます。

毎朝1時間ウオーキングすると決めた人が3日間続けると、少しペースが違ってくるものです。

多くの行動は、3日で馴染む。これは共通したものではないでしょうか。

そうなると、1日、2日で違和感を覚えるのは当然のことです。

成果を上げるために早朝4時に起きて、3時間勉強すると決めた人が、1日、2日で体がだるいのも当たり前です。まだ、それは体が馴染んでいないだけなのです。

だから、「向いていない」だとか「大変だ」と判断するのは早すぎます。

まずは、3日間は連続で必ず続けることです。そして、何となく馴染んできたその日から次に意識するべきは3週間です。馴染んだ状態というのは、間を開けるとすぐに元に戻ってしまいます。

だからこそ、継続して3週間を次のスモールゴールにするのです。

そこまで続いて、始めて「慣れる」状態に入ります。新しい職場に入って3日ではまだ慣れたとは言い切れません。ただ、3週間後には慣れを感じてくるはずです。慣れるまでやる。ここまでに目立った結果が出なくても、3週間経過する頃から、目に見えて結果が現れてきます。

ですから、ここまでは結果を求め過ぎないことです。

「こんなに続けているのに結果が出ない。自分には合っていないのかも」と思うのであれば、それはワガママです。まだ、慣れてもいない内から、目に見えた結果なんかはありません。もしも、目に見えて行動の結果が現れたのであれば、それはラッキーです。

単に幸運に恵まれただけだと割り切りましょう。そして、ラッキーは次にいつ来るかわからないことも付け加えておきます。そんな行動を夢中に3か月続けたのであれば、そろそろ実力が付いてきます。そして、行動することが負担でなくなってくる頃です。始めて3か月。ここが習慣化するラインではないでしょうか。だからこそ、ここまでは手を抜かないでください。

人は3週間継続して少し慣れてくると楽をしたがります。このタイミングで楽を覚えた人が3か月過ぎて習慣化しないのは当然です。楽することが習慣化すると捉えておきましょう。そして、そんな人に結果は付いてきません。3か月後、行動が習慣化すればあなたは目的を掴む体力を手に入れたことになります。

嫌になるのも
さぼりたくなるのも
計算のうち。
どうせ3日で嫌になる。
愚痴も出るし、休みたくなる。
わかっている逆風は怖くない。

50　決める

最後の１つはとても重要かつ単純なことです。

それが、決めるということです。目的の旗を立てる。目標の旗を立てる。期日を定める。

行動力の源はすべて決めている状態が前提となります。

幾つもの考え方を学んでも、どんなに仲間が協力してくれても、自分が決めていなければ前に進むことはありません。あなたが０なら意味がないのです。

それも、「なんとなく決める」なんて言葉はありません。

決めるときは「しっかり決める」のです。

未来のある地点に旗を挿したのであれば、そこに向かって今日から踏み出すのです。

私は今まで多くの人の目標と向き合ってきました。そして、共通することに気が付いたのです。

いつまでも進まない人。進んだり止まったりしている人。そんな人たちは決めていないのです。

本人も半信半疑の状態で、取りあえず「やります」といっているのです。

そこでどうしても決めるのが苦手な人は決める癖をつけましょう。

本当に単純なことからで構いません。

毎朝6時に起きると決める。
玄関を出るときは左足から踏み出すと決める。
毎日手紙を1枚書くことを決める。

決めることは重要なことでなくても構いません。それを実行したからといって、目標に近づかなくても構いません。とにかく決めたことを毎日実行する癖をつければよいのです。決められない人は何をするにも決められません。

敢えていうなら、「決めないことを決めている」という変な状態の人もいる程です。

何となく過ごす毎日から決別して、決めて過ごす毎日を送る。決めたことが実行できる頃には、人間の質が変わっていきます。徐々に重要なことも決めていきましょう。

そして、決めることを決めるのです。理屈も何も要りません。決めて行動するのみです。

ただ、それだけのことを繰り返すだけで、あなたの未来は思い通りに実現されていきます。

心に楔（くさび）を打つ。
ゴールの旗を強く挿すこと。

第2章　行動力が生み出す10の力

1　自己実現力

人が目的を持って人生を過ごしていくなかで、達成したい夢・目標を叶えていくと、自己実現をしていくことに必ずつながります。

言い換えると、自己実現するために目的を描き目標を設定し、難局にもチャレンジしているのだともいえます。

ですから、自己実現するために行動力は欠かせません。

昨日より今日進んでいるからこそ、実現したい未来を描けるのです。

ずっと同じところに立ち止まっている人が、次から次に目標を設定していくことはありません。

夢は叶えるためにあります。

何事にもチャレンジする自分になり、行動力溢れる推進力と障害にぶつかったとしても、それに立ち向かえる突破力さえあれば、未来は思いのままです。

あなたの自己実現を加速させるために、日々行動できる自分を磨いていきましょう。

2　導引力

魅力ある人には、絶えず周囲に人が集まってきます。

例えば、人を引き寄せるカリスマ性であったり、支援したくなるスター性であったり、溢れだす人間力がある人は、次から次に出会うべき人と出会っていきます。

そして、出会う人が自然とあなたの力になってくれるのです。

丁度、桃太郎が鬼を退治しに向かう途中に、犬・サル・キジに出会ったのは必然であり、出会って別れるでもなく共にゴールを目指す仲間となり得たのも、桃太郎の導引力です。

これは、童話の話だけではなく、歴史的に成果を上げた人物も、一人だけの力でなし得た成果ではありません。陰で支えてくれる仲間の存在や、失敗しても勇気づけてくれる周囲の力があったはずです。

常に行動している前向きな力があれば、それに賛同して同じ志の仲間が集まってくるものです。

自然と導引する力が強くなり、あなたの描く未来に近づく力を手に入れることができるのです。

日々、行動からすべては導かれる。じっとしている人に導引力は付きません。

❸ 積極力

積極的にものごとにトライする。これは目標達成において必要不可欠な要素です。

積極的な人物と、消極的な人物のどちらが多くの目標を達成できるかと想像すれば、積極的な人物のほうが多くの目標を成し遂げることができると思えます。

それでは、積極性を手に入れたいと思う人はどうしたらそんな自分になれるのでしょうか。

生まれ持った資質と判断してしまうと、何も打つ手がなくなります。

資質は生まれ持ったものがあるにしても、生き方1つで人は変われるはずですし、本来持って生まれた能力を開花させることもできるはずです。

そのために、必要な力が行動力です。

スモールゴールを次々に達成できるような自分になれば、そこに積極力は同時に磨かれていきます。

行動しているうちに、いつの間にか積極力が付いてきたといわれる人に変わっていきます。

チャンスが来るのを待つのではなく、チャンスを掴みにいく積極力を手に入れる。

そのために、日々行動なのです。

4　指導力

会社員であれば部下や後輩を持ち、経営者であれば従業員を持つ。

それは、行動していけば自然と変わり行く立場があります。

そこで、「名プレイヤー・名指導者にあらず」という言葉は、感性で結果を出してきた人に向けての言葉だと思います。

本来、名指導者とはどういう人物でしょうか。

きっとこれから実践しようとするものよりも、先に経験しているからこそ、多くの助言ができるのです。同じように悩んだ経験があるからこそ、気持ちがわかるのです。行動したくてもできない弱い自分がいたからこそ、どうすればよいのかアドバイスをおくれるのです。

指導力とは、人より多く行動してきたからこそ身に付くものなのです。

たくさん読書をして、知識を蓄えてきただけの人が豊富な指導力を持つなんてことはありません。

たくさん現場を知っているからこそ、溢れる指導力を手に入れるのです。

指導力はいつだって、失敗経験から築き上げられます。

人より多く行動する。それが、指導力を磨く手段であることは間違いありません。

5　共感力

人は、自分の気持ちを十分にわかってくれる人に相談をしたくなるものです。

親身になって考えてくれる人に悩みを打ち明けたくなるものです。

「部下も後輩も聞いて来ればいいのに、相談してこない。全く最近の若者は…」とつぶやく前に、どうして相談されない自分なのかを考えてみるのも1つです。

あなたは周囲の意見や考えにしっかり共感できていますか。

一度受け入れる姿勢を持っていますか。

頭ごなしに否定を繰り返していませんか。

もしも、思い当たる節があるのであれば、共感することから意識してみると、自然と周囲に人が集まってくるようになります。

そして、共感するためには、自分自身が様々な行動をしているほうが、自分の経験と他人の悩みを照らし合わせて考えることができます。

日々、行動を繰り返す。そうする中で、多くの失敗も経験するからこそ、共感する力が育まれるのです。

⑥ 活動力

活動するエネルギーは、立ち止まっていて蓄えられません。動きながら蓄えられるのです。

なんとなく蓄えるという言葉を使うと、じっとしておくイメージを持つかもしれません。

家電製品を充電するときは、ずっとコンセントに差し込んでいるあの状態をイメージするからでしょうか。

ただ、エネルギーが送られてくる環境があれば、それでもよいのでしょうが、通常はじっとしていてエネルギーが送られてくることはありません。

発電しなければいけないのです。

日々、行動してエネルギーを起こすからこそ、活動力が満たされていきます。

不思議とじっとしていると、活動力が減少していくのです。

活動からやりがいが生まれ、行動につながります。そして、行動から使命感が芽生え活動につながります。

結果が出るまで行動を継続することで、活動力がパワフルに溢れてくるのです。

7　責任請負力

責任を負うということは、誰もが嫌がります。重圧がかかる状態では存分に力を発揮できないという人もいます。それでも、ここぞというときに、すべての責任を請け負える人は信頼されます。そんなでっかい人間になるにはどうしたらいいのでしょうか。

これもやはり行動力なのです。

行動することで経験を積み重ね、多くの失敗体験と同じだけの改善体験を繰り返し、ステップアップしてきたのであれば、ここ一番の勝負所がわかってくるものです。

そして、責任ある状況のほうが結果を出せることも経験しているのです。

皆の期待が集まり、絶対に失敗できない場面で見事に結果を叩き出す。それができるのは、日常にしっかり行動し、数をこなし、やるべきことをやって来たからです。

あなたが日々行動力を磨いていれば、重圧が掛かる場面でも１００％の力を出し切ることができます。

そうなれば、責任請負力も研ぎ澄まされ周囲からの信頼も勝ち取ることができるのです。

⑧ 自己信頼力

自分を信頼できるのは、他でもなく自分自身でなければいけません。
「大丈夫。自分なら乗り越えられる」
そう自分に言い聞かせるシーンが今後やってくることもあるでしょう。
そんなときに自分自身が不安な状態であれば、やる前から結果は見えています。
緊張して手が震えたり、当たり前の行動ができなかったりするのです。
まずは自分が自分を信頼できますか。
「できる」と答えるからには根拠が必要です。
自分のことは自分が一番よく知っているからです。
行動を以って自己信頼が生まれる。
自己信頼があるからこそ行動できる。
だからこそ結果が生まれる。
そして、それが自信となり、更なる自己信頼力へとつながる。
当然ですが、大きな結果を得るためには必要な力となります。

⑨ 協調力

協調することは、集団生活において必須の行為です。

そして、この力が強い人ほど強力な仲間と出会います。

何かを成し遂げようとしたとき、自分一人の力では限界があります。信頼できる仲間の存在や、支えてくれる人たちがいることの心強さは何にも代えられないエネルギーとなります。

本当に力のある仲間は本気を見せないと集まってきません。

中途半端に行動していると、中途半端な仲間が集まってきます。

もしもあなたのステップが上がり、本気の仲間が欲しいと思えて来たときには、自分が本気を見せることです。

まだどこで見ているかわからない仲間に見せようと思えば、常に本気であることが必要です。

誰も見ていない場所でも手を抜かず行動し続けるのです。

テレビの撮影が来て、あなたを密着しドキュメントを作成しているようなとき、カメラが回っている前でだらだら過ごすことはないでしょう。なんだか歩くときの歩幅も違うかもしれません。

それ程見られている意識で行動を継続したとき、あなたはとても強い協調力を手に入れることができるはずです。

10　ブランド力

最後はあなたのブランド化です。自分自身が一流品になり、ブランド化されれば、何も恐れることがなくなります。

今、個人のブランディングは誰もが欲しがる力です。

ブランドとは一朝一夕ではできません。それなりの歴史が必要になるのです。

特に、他人が認めるブランドにはストーリー性が必要です。

そのストーリーとは、喜怒哀楽に富み起承転結があるものでなければいけません。

そして、もちろん実話であることが必要です。

そんなストーリーを個人が持つためにどうしたらよいでしょうか。

それだけの、行動を起こす必要があります。

行動の中からドラマが生まれ、出会いが生まれ、奇跡が生まれるのです。

寝っ転がっていてブランド化される話は聞いたことがありません。

あなたというたった１つの存在が、他人から認められるためには、一も二もなく行動なのです。

あとがき

訪問販売の営業マンをしていた頃､売れない時期を過ごしたこともありました。望む結果が出ず、社内に掲示された棒グラフは一向に伸びていきません。そして、その理由もわからずに毎日を過ごしていました。

「なぜ売れないのか」

答えは簡単です。行動力が不足していたからです。

必要な行動が何かもわからず、十分な行動量がどれだけかもわからずにいましたが、後で振り返ると量も質も間違いなく不足の状態でした。

そして、行動量が充実してくれば、加速するように棒グラフも伸びていったのです。

そうなると役割は、自分が売ることではなく、人を売らせることへと変わっていきます。

そして、そのときに学んだのです。

自分が動くのは簡単なこと。人に動いてもらうのがどれだけ難しいかを。

正しく行動すれば必ず結果が出るのに、それを嫌がる人。

中途半端な行動量で結果が出ないと嘆く人。

望む未来と現状のギャップは開くばかりで、いつの間にか行動する気力さえ失っていく人。

私ができることは何なのか。

転職をして営業の現場を離れ、販売店管理を職務にしても、そこにあるのは同じ課題でした。

どうしたら、人は動くのか。

やらされるのではなく自発的に行動し、尚かつ結果が出るまで行動を緩めないのか。

心理学、行動学、営業学、マーケティング、コーチング、自己啓発、多くの本を読みあさり、時間があればセミナーに参加し、答えを探し求めてきました。

そして、10年程掛かった頃に自分なりの答えが見つかりました。

会社を辞め、独立起業し、支援会社を興しました。

１つの企業グループだけではなく、広い世界で多くの人と向き合い、行動について向き合ってきました。

そしてこの度、実践で導き出した答えを１冊の書籍にまとめることができました。

本書を手に取っていただいたすべての方に、何か気づきがあり、人生の推進力にお役立ていただけましたら幸いです。

森崎　竜彦

著者略歴

森崎 竜彦（もりさき　たつひこ）

1978年生まれ。セールス支援officeもりさき　代表。

大学卒業後、訪問販売会社に就職。個人宅販売・法人営業共にリーダーセールスになる。その後9年間、販売店研修部門において、「売る力」「伝える力」を磨く研修を1000回以上実施。トップセールスマンとその他大勢のセールスマンにテクニックの差はほとんどないと考え、再現性を重視した研修を実施。従来型のハウツーやテクニック研修ではなく、受講者それぞれが“売れる”営業マンになるために必要な考え方・知識を身につけていただく研修を行う。

“活きた営業マン育成講座”が好評を得ている。

最大の持ち味は、行動できずに立ち止まっている営業マンをみるみるその気にさせ、エネルギー溢れる行動型人材へと変貌させる手腕を持つことにある。

著書：「営業のプロが教える日本政策金融公庫から事業資金を調達して起業を果たす方法」彩図社
ＨＰ http://www.salessien.jp　mail:morisaki@salessien.jp

行動力がいま１つの営業マンのパワー強化書

2013年10月23日 初版発行

著　者　森崎　竜彦　©Tatsuhiko Morisaki
発行人　森　忠順
発行所　株式会社 セルバ出版
〒113-0034
東京都文京区湯島1丁目12番6号 高関ビル5B
☎03（5812）1178　FAX 03（5812）1188
http://www.seluba.co.jp/
発　売　株式会社 創英社／三省堂書店
〒101-0051
東京都千代田区神田神保町1丁目1番地
☎03（3291）2295　FAX 03（3292）7687

印刷・製本　モリモト印刷株式会社

Printed in JAPAN
ISBN978-4-86367-133-1